Norbert D. Hüsson | Markus Kiefer (Hg.)

# Alles, was bleibt, ist Licht –
# ein Hoffnungsbuch

Norbert D. Hüsson | Markus Kiefer (Hg.)

# Alles, was bleibt, ist Licht – ein Hoffnungsbuch

Beiträge von Freunden und Förderern
der Kinder- und Jugendhospizarbeit

HERDER

FREIBURG · BASEL · WIEN

© Verlag Herder GmbH, Freiburg im Breisgau 2023
Alle Rechte vorbehalten
www.herder.de

Umschlaggestaltung: Julia Bouchoou
Umschlagmotiv: Norbert D. Hüsson
Bildmotiv: Himmel über dem Wittlaerer Hof
Satz: Carsten Klein, Torgau

Herstellung: PBtisk a. s., Příbram

Printed in the Czech Republic

ISBN Print: 978-3-451-39708-0

# Inhalt

# Vorwort

In den letzten Lebensjahren begleitet zu werden und in Würde zu sterben, ist der Wunsch vieler Menschen. Aus diesem Selbstverständnis heraus und im Sinne der Kinderhospizbewegung wurde im Jahr 2004 die Kinderhospiz Regenbogenland gGmbH gegründet.

Ursprünglich als Kinderhospiz gedacht, betreute die Einrichtung im Laufe der letzten Jahre immer mehr Jugendliche, was zunehmend eine besondere Herausforderung bedeutete und das Haus vor Weiterentwicklungsbedarf stellte.

So ist die Idee entstanden, die Kinderhospiz Regenbogenland gGmbH um die Jugendhospizarbeit zu erweitern. Mit der Errichtung der Stiftung Kinder- und Jugendhospiz Regenbogenland soll die Arbeit der Kinder- und Jugendhospiz Regenbogenland gGmbH Düsseldorf (und des Fördervereins) auf eine gesicherte Basis gestellt werden. Zudem sollen daneben, politisch unabhängig, die nachstehend genannten Stiftungszwecke erfüllt werden.

Die Stiftung unterstützt Maßnahmen und Projekte für unheilbar und lebensbegrenzt erkrankte Kinder und Jugendliche, mit dem Ziel, ihnen ein würdevolles Leben bis zum Tod zu ermöglichen. Ferner unterstützt sie Maßnahmen und Projekte im Bereich der Erwachsenenbildung sowie der Betreuung und Entlastung der Angehörigen, sowie zur gesellschaftlichen Aufklärung über die Kinder- und Jugendhospizarbeit. Die Stiftung beschafft außerdem Mittel für andere als gemeinnützig anerkannte Organisationen, wenn und soweit diese gleiche oder vergleichbare Zwecke wie diese Stiftung verfolgen.

Zum satzungsgemäßen Zweck der Stiftung gehört auch die Aufklärung der Gesellschaft über die Kinder- und Jugendhospizarbeit. Das vorliegende Buch soll versuchen, diesem Anliegen gerecht zu werden. Die Autoren und Autorinnen kennen das Haus und die handelnden Personen. Aber aus verschiedenen Perspektiven. Hieraus ergibt sich ein Spektrum, das die Farbigkeit im Sinne von Vielfältigkeit des Regenbogen(landes) hell leuchten lässt.

Im Mittelpunkt unseres Wirkens stehen unsere Gäste mit ihren Großeltern, Eltern und Geschwistern. Den Geschwisterkindern widmet sich das Regenbogenland, neben unseren Gästen, besonders intensiv.

An dieser Stelle merken Sie, dass sich ein Kinder- und Jugendhospiz deutlich von einem Erwachsenenhospiz unterscheidet. Patienten eines Erwachsenenhospiz befinden sich in der letzten Lebensphase. In ein Kinder- und Jugendhospiz, in das Regenbogenland, können Kinder- und Jugendliche mit ihren Angehörigen kommen, wenn sie erfahren haben, dass sie lebensverkürzend erkrankt sind. Dies bedeutet in der Regel, dass sie das Erwachsenenalter nicht erreichen werden. Aber diese Regel weicht dankenswerterweise, nicht zuletzt auf Grund der medizinischen Fortschritte, etwas auf.

Somit ergibt sich für einen kleinen, leider zu kleinen Kreis unserer Gäste der Bedarf einer Betreuung über das 27. Lebensjahr hinaus. Die von den Krankenkassen zugesagte Finanzierung für die Betreuung endet mit dem Beginn des 28. Lebensjahres. Und so arbeitet das Regenbogenland aktuell an einer Lösung für die Betroffenen.

Ein anderes Thema, mit dem sich das Regenbogenland beschäftigt bzw. beschäftigen muss, ist das Thema »Stille Geburt« bzw. »Gehalten im Verlust«. Beide Titel stehen als Synonym für das Versterben eines Kindes noch während der Schwangerschaft bzw. unmittelbar nach der Geburt. Nach Angaben des Statistischen Bundesamtes ist die Zahl der Totgeburten von je 1000 Geborenen vom Tiefstand 3,5 im Jahr 2007 auf 4,3 im Jahr 2021 gestiegen (Quelle: STATISTA). Dies entspricht einer Steigerung von über 20 %. Auch dieses Thema ist ein gesellschaftliches Tabuthema und der Rahmen eines Vorwortes ist für eine weitere Erläuterung zu klein. In Zusammenarbeit mit den Hebammen versucht das Regenbogenland, den betroffenen Müttern zu helfen. So werden sie durch das Familientrauerteam betreut und spezielle Rückbildungskurse angeboten.

Sie sehen, die Palette der Aufgabenfelder ist groß. Dieses Buch soll die unterschiedlichen Bereiche unserer Aufgaben in möglichst vielen verschiedenen Aspekten aufzeigen und die Wahrnehmung dafür erweitern.

Der Leitgedanke der Kinder- und Jugendhospizbewegung liegt auch diesem Buch zugrunde: »Es geht nicht darum, dem Leben mehr Tage zu geben, sondern den Tagen mehr Leben.« (Cicely Saunders)

Ich würde mich freuen, wenn Sie nach der Lektüre des Buches zu dem Ergebnis kommen, dass das Regenbogenland diesem Anspruch gerecht wird.

Mein besonderer Dank gilt allen Mitarbeitern unseres Hauses. Sie alle ermöglichen es als Team, dass unsere Gäste und ihre Familien im Regenbogenland Freude, Geborgenheit und Trost finden.

Danken darf ich auch meinem Freund und Mitherausgeber Prof. Dr. Markus Kiefer für sein großes Engagement, sowohl als Vorsitzender des Wissenschaftlichen Beirates unserer Akademie als auch als Koordinator, Lektor und Antreiber dieses Buchprojektes.

Dass (fast) alle Autoren fristgerecht geliefert haben, sogar Politiker und Künstler – man beachte die Reihenfolge –, ist seiner Hartnäckigkeit im Nachfassen geschuldet und somit gedankt.

Dem Dank von Markus Kiefer an die Autoren und Unterstützer unseres Buches sowie dem Herder Verlag in seiner nachfolgenden Einleitung als Herausgeber darf ich mich von ganzem Herzen anschließen.

*Norbert D. Hüsson, Herausgeber*
*Düsseldorf, im August 2023*

# Einleitung

Wir alle lieben das Leben. Oder jedenfalls die allermeisten von uns. Wir hängen daran. Den Älteren gratulieren wir an ihren Geburtstagen immer mit dem Wunsch nach weiteren Lebensjahren, nach einem möglichst langen Leben. In Würde zu altern und möglichst gesund lange zu leben – das dürfte ein Standard-Ideal unserer westlichen Gesellschaften und Kulturen sein und es auch bleiben.

Der erste Reflex, wenn wir von lebensbedrohlichen Krankheiten älterer Mitmenschen aus unserer Umgebung erfahren, ist ein Erschrecken, ein Mitfühlen und der Wunsch, die Bedrohung von Gesundheit und Leben möge wieder weichen, möglichst schnell.

In dieser Perspektive kann ein Leben ja gar nicht lang genug dauern. So gesehen, ist eigentlich jedes menschliche Leben zu kurz.

Aber, was sollen dann jene betroffenen Kinder, Jugendlichen und junge Erwachsenen denken und fühlen, die mit der Diagnose einer lebensbedrohlichen oder einer lebensverkürzenden Krankheit konfrontiert sind? Wie denken ihre Familien darüber, die Eltern, die Geschwister, die Angehörigen? Welche Emotionen treiben sie um, wenn sie das Schicksal der betroffenen Angehörigen und ihr eigenes meistern müssen?

Welcher Sinn liegt in einem dermaßen bedrohten und verkürzten Leben, einem definitiv zu kurzen Leben? Ist da nur Leid, nur negative Emotionen – oder auch ganz anderes?

Dies waren die Ausgangsgedanken, als wir Freunde und Förderer der Kinder- und Jugendhospizarbeit und betroffene Familien einluden, an diesem Buch mitzuwirken, ihre Gedanken, ihr Wissen, ihre Erfahrung und ihre Gefühle zu teilen. Mit uns und mit der Öffentlichkeit.

Ja, mit der Öffentlichkeit. Das war uns ein zentrales Anliegen, da der Umgang mit der Erfahrung schweren Leids, von bedrohlichen Krankheiten, der Umgang mit Sterben und Tod eher zu den Tabuthemen der Gesellschaft gehören. Themen, zu denen man instinktiv eher auf Distanz geht.

Mit den Beiträgen dieses Buches wollen wir zeigen, dass es anders geht. Und dass auch das verkürzte Leben einen ungeheuren Wert hat, seinen Sinn hat. Und gerade die Hospize für Kinder, Jugendliche und junge Erwachsene leisten hier ihren ganz besonderen Beitrag. Denn anders als Erwachsenenhospize, in denen die bald Sterbenden ihre letzten Tage und Wochen verbringen, sind Hospize für Kinder und Jugendliche nicht primär ein Ort des Sterbens. Ja, es ist wahr, sie können es am Ende werden. Aber zuvor sind sie, oft für lange Zeit, ein Ort des Lebens und der Lebendigkeit. Ein Ort der Geborgenheit und des Durchatmens für betreuende Angehörige. Oft auch ein Ort des Lachens, des Spielens und des Geliebtwerdens. Und natürlich auch ein Ort, an dem man mit seinen Zweifeln und seiner Verzweiflung nicht allein bleibt.

Wir haben Autorinnen und Autoren gefunden, die wahre Fachleute auf dem Gebiet der Kinder- und Jugendhospize sind. Die Texte sind zwar inspiriert von dem konkreten Jubiläumsdatum des Kinder- und Jugendhospiz Regenbogenland Düsseldorf. Aber die Aussagen und Gedanken reichen weit über diese regionale Einrichtung hinaus. Alle Beiträge durchzieht ein durchgängiger roter Faden: Botschaften der Hoffnung und Ermutigung – aus der Kinder- und Jugendhospizarbeit und für die Bewegung der Kinder- und Jugendhospize. Und sie alle sind getragen von dem Wunsch, diese Gedanken zugleich auch breiter in der Gesellschaft zu verankern.

Die Texte lassen sich in vier Kreise einteilen, die zugleich auch die Hauptkapitel des Buches bilden. Im ersten Kapitel lassen wir die Betroffenen im Originalton sprechen. Diese vier sehr persönlichen Beiträge werden den meisten Leserinnen und Lesern vermutlich nahegehen. Betroffene Kinder, Jugendliche, junge Erwachsene und deren Familien haben ihr Herz weit geöffnet und lassen tief in ihre Seelen blicken. Judy Machiné, als betroffene Mutter, und Dr. Gisela Janßen, als Ärztin, nehmen den Leser auf einem virtuellen Rundgang durch das Haus mit. Sie nehmen Schwellenängste und beantworten behutsam schwierige Fragen. Gisela Janßen, Kinder- und Jugendärztin, Palliativmedizinerin und langjährige Oberärztin an der Heinrich-Heine-Universität Düsseldorf, ist schon lange als ärztliche Begleiterin für das Regenbogenland tätig, auch als Mitglied im Wissenschaftlichen Beirat der Akademie. Im Beitrag erfährt der Leser eine lebendige Begegnung mit dem Sohn von Judy Machiné. Zwei Tage nach Fertigstellung des Beitrags starb er. Nichts in den Monaten der intensiven Arbeit an diesem Buch zeigte mir deutlicher: Wir schreiben hier über nichts Abstraktes. Soll man ein Baby mit maximal düsterer Prognose austragen? Evelyn Meißner, deren Sohn nur drei Tage alt wurde, beantwortet die Frage mit einer bewegenden Geschichte und am Ende mit einem klaren Ja. Nicole Groß ist Pädagogische Mitarbeiterin des Regenbogenlands und liefert einen gemeinsamen Beitrag mit drei jungen Erwachsenen, die vom Hospiz kontinuierlich begleitet werden und die sie in einem eigenen Projekt ausführlich interviewte. Der besondere Wert dieses Textes: Es wurden sehr aufschlussreiche, authentische O-Töne der Betroffenen über die eigene Wahrnehmung durch Gesellschaft und das persönliche Umfeld gewonnen – und Wünsche nach einem anderen Zugang und Umgang auch. Alexander Schrimpf ist der Vater eines der drei jungen Co-Autoren. Sein Zugang im nächsten Text ist vor allem die Perspektive der Familie, nicht zuletzt die von Geschwisterkindern. Aus seinem Text lernen wir zudem auf bewegende Weise, dass selbst schwersterkrankte junge Erwachsene noch Pläne für eine Zukunft haben.

Unser Ziel war es, mit diesem Buch und mit dem Blick auf ein eher als schwierig, als belastend empfundenes Thema Gedanken des

Trostes und der Hoffnung zu verbreiten. Dies wollten wir gleichermaßen in die Gesellschaft tragen wie auch den betroffenen Familien zuwenden. Aber gerade in diesem ersten Kapitel des Buches, in dem die direkt Betroffenen und ihre Eltern ihre Gedanken und Gefühle offenlegen, wird jeder mitfühlende Leser sofort sehen und empfinden, was ich ganz persönlich beim ersten Lesen eines jeden eingehenden Beitrags spürte: Hier werden umgekehrt gleichermaßen wir beschenkt, reich beschenkt.

Im Kapitel 2 liefern renommierte Fachwissenschaftler und Fachwissenschaftlerinnen, die der Kinder- und Jugendhospizbewegung im Allgemeinen und dem Düsseldorfer Regenbogenland im Speziellen sehr verbunden sind, Beiträge, die gewiss Aufsehen erregen werden. Das Schütteltrauma bei Babys und Kindern ist eine schlummernde Gefahr in manchen Familien, sogar im Umfeld solcher, die in und mit Hospizen leben. Das schwierige Thema aus der Tabuzone zu holen und für mehr Achtsamkeit und Bewusstsein zu sorgen, ist Anliegen des Artikels von Professor Dr. Stefanie Ritz-Timme, Direktorin des Instituts für Rechtsmedizin am Universitätsklinikum der Heinrich-Heine-Universität Düsseldorf. Professor Dr. Sven Jennessen, dessen Lehrgebiet an der Humboldt-Universität Berlin die Pädagogik bei Beeinträchtigung der körperlich-motorischen Entwicklung ist, wirkt im Regenbogenland als Wissenschaftlicher Beirat der Akademie an der Programmarbeit mit. Er hat erstmals in Deutschland die Zahl der potentiell von lebensbedrohlichen und lebensverkürzenden Krankheiten betroffenen Kinder und Jugendlichen erforscht. Wir freuen uns, dass die von der Stiftung Kinder- und Jugendhospiz Regenbogenland geförderte und bereits im renommierten Bundesgesundheitsblatt des Robert-Koch-Instituts veröffentlichte Studie PraeKids von Sven Jennessen und seiner Wissenschaftlichen Mitarbeiterin Dr. Nadja Melina Burgio hier in komprimierter Form für diesen Sammelband aufbereitet wurde. An der Heinrich-Heine-Universität wirkt Professor Dr. Arndt Borkhardt, Chefarzt und Direktor der Klinik für Kinder-Onkologie, -Hämatologie und Klinische Immunologie. Thema seines Beitrags ist die palliativmedizinische Betreuung krebskranker Kinder und Jugendlicher, im fachlichen Zusammenspiel von Hospizen und Kinderkliniken.

Auf die schwersten und auf die letzten Fragen des Lebens bieten Religion und Kunst oft die besten Antworten. Im Kapitel 3 findet der Leser renommierte Stimmen aus diesen Bereichen. In christlicher Perspektive hat der Tod nicht das letzte Wort. Die beiden evangelischen Theologen Anne und Dr. Nikolaus Schneider leuchten die religiöse und die theologische Dimension des Themenfeldes tiefschürfend aus. Sie lassen die Leser in das eigene Familienschicksal blicken, auf den Weg mit ihrer viel zu früh verstorbenen Tochter. Der langjährige Vorsitzende des Rates der Evangelischen Kirche in Deutschland leitet das Kuratorium der Akademie des Regenbogenlands Düsseldorf, auch hierbei unterstützt von seiner Ehefrau Anne. Die noch junge, aber schon international renommierte Künstlerin Meral Alma ist offizielle »Botschafterin« des Regenbogenlands. Ihr Beitrag geht nicht nur auf ein von ihr eigens für die Einrichtung geschaffenes (und dort auch hängendes) Engel-Bild ein, sondern sie hat zugleich einen einzigartigen, energievollen, kreativen Moment gemeinsamen Malens mit kranken Kindern eindrucksvoll und für immer festgehalten. Der renommierte Komponist und Musikproduzent Dieter Falk hatte die wunderbare Idee, den ersten Arbeitstitel für unser Buch und dessen inhaltliches Grundmotiv zu vertonen. Ein Beitrag mit ganz besonderer Note, im Wortsinn.

Im vierten und letzten Kapitel kommen die Unterstützer des Regenbogenlandes aus Politik, Wirtschaft und Gesellschaft zu Wort. Sie markieren ihre Unterstützung für die Gedanken der Kinder- und Jugendhospizbewegung. Alle Autoren kennen die Einrichtung aus eigenem Erleben und teils langjähriger Unterstützung. Vorneweg Bundesfinanzminister Christian Lindner, seit Jahren aktiv als einer der offiziellen Regenbogenland-Botschafter. Gleich zwei Ministerpräsidenten in einem Sammelband, noch dazu aus dem gleichen Bundesland, das ist sicher ungewöhnlich. Aber sowohl der amtierende Ministerpräsident Hendrik Wüst als auch dessen Vorgänger Armin Laschet wollten nicht nur durch ihre offiziellen Besuchstermine der Düsseldorfer Einrichtung, sondern auch durch die Veröffentlichung ihrer Gedanken der breiten gesellschaftlichen Wahrnehmung des Themas dienen. Zwei weitere Beiträge aus Wirtschaft und Gesellschaft schließen sich nahtlos an. Mit Gedanken von Handwerks-Präsident Ehlert, auch er offizieller Regenbogenland-Botschafter, der erstaunlich vielfältige Bezüge im Handwerk zu den Themen Sterben, Trauer und Tod aufzeigt. Mit den persönlichen Erlebnissen von Wolfgang Rolshoven, dem Baas (Präsidenten) der »Düsseldorfer Jonges«, des größten Bürger- und Heimatvereins Europas. Er nimmt uns mit bei seinem Gang durch das Kinder- und Jugendhospiz. Den Abschluss bildet eine Hommage des langjährigen Düsseldorfer Handwerkskammer-Hauptgeschäftsführers Dr. Thomas Köster, der am Beispiel von Norbert Hüsson und seinem Team aufzeigt, was das Rückgrat der Kinder- und Jugendhospizbewegung ist: der nimmermüde Einsatz der Ehrenamtlichen.

Mein erstes Wort des Dankes gilt den betroffenen Familien, die uns an ihren Gedanken und ihren Gefühlen teilnehmen ließen. Das war und ist ein großes Geschenk. Wir danken aber genauso allen offiziellen Botschaftern, Beiräten und Kuratoren des Regenbogenlandes Düsseldorf und seinen Unterstützern aus Politik, Kirche, Gesellschaft, Wirtschaft und Kunst für ihre wertschätzenden Beiträge. Und den Fachleuten aus der Wissenschaft, die mit dem Düsseldorfer Kinder- und Jugendhospiz auf verschiedene Weise, aber allesamt eng zusammenwirken, danken wir für die besondere fachliche Expertise, die sie mit uns teilten.

Eine große Hilfe bei der Gewinnung von Autorinnen und Autoren aus dem Kreis der Betroffenen und eine sensible Begleitung bei der Entstehung entsprechender Beiträge waren uns Susanne Klösener (Pflegedienstleitung Regenbogenland) und Vanessa Mertens (Pädagogische Leitung Regenbogenland), wofür ich dankbar bin.

Die Stiftung des Kinder- und Jugendhospiz Regenbogenland Düsseldorf hat mit ihrer finanziellen Förderung dieses Buch erst möglich gemacht. Herzlichen Dank für diese Förderentscheidung! Und bedanken möchte ich mich ausdrücklich für das Vertrauen des Stiftungsvorstandes und namentlich ihres Vorsitzenden Norbert Hüsson, mich mit der Umsetzung dieser Buch-Idee zu beauftragen.

Für die gestalterische Unterstützung gilt mein Dank Julia Bouchoou (Titelseite, Umschlaggestaltung, Foto-Bearbeitung) und Sebastian Kiefer (Hilfe bei Umwandlung/Formatierung eingehender Texte und einheitliche Gestaltung des Rohmanuskripts, Bildbearbeitung). Die Idee und fotografische Ausführung beim Bildmotiv der Titelseite verdanken wir Norbert D. Hüsson.

Mein abschließender Dank gilt dem Verlag Herder für die Aufnahme unseres Buches in sein Verlagsprogramm, und Frau Dr. Johanna Oehler, der Programmleitung für Religion und Spiritualität, für das gute Zusammenwirken bei der Produktion des Buches.

Abschließend: Jedes Leben, unabhängig von seiner äußeren Zeitspanne, hat seinen unschätzbaren Wert. Und jedes Leben bleibt. In diesem Sinne möchte das Buch Zeichen der Hoffnung setzen.

*Professor Dr. Markus Kiefer, Herausgeber*
*Düsseldorf, im August 2023*

# KAPITEL 1

# Botschaften der Hoffnung aus betroffenen Familien

# Wo die Hoffnung wohnt

*Judy Machiné und Gisela Janßen*

Das Kinder- und Jugendhospiz Regenbogenland in Gerresheim ist nur eine von vielen Türen in einer langen Straße mit Wohnhäusern in Düsseldorf. Der Haupteingang hat eine Glastür, über die sich ein bunt bemalter Regenbogen wölbt. Wenn du eintrittst, siehst du einen angenehmen Empfangsbereich mit hellem Dekor und weitere Türen, die in verschiedene Richtungen führen. Vielleicht hörst du das Klicken einer Computertastatur oder das Gemurmel von Stimmen. Für einen Eingangsbereich ist das alles ziemlich normal, aber das, was in diesem Haus passiert, unterscheidet es von den anderen Häusern in der Straße. Es ist tatsächlich ein außergewöhnliches Haus.

»Ein Hospiz ist ein Heim, das sich um unheilbar Kranke kümmert« (Oxford Dictionary) – die Menschen im Regenbogenland kümmern sich um meinen Sohn Daniel, der eine unheilbare Krankheit hat, und wir verbringen hier Zeit mit vielen anderen Familien in der gleichen Situation. Unser gemeinsamer Nenner ist ein Kind, das zu früh sterben wird, und doch ist dieses Haus ein Ort des Lebens, der Hoffnung und unerwarteter Freude.

Hinter diesen Türen begegnet uns das Leid in vielen verschiedenen Formen. Hier finden der Schmerz, die Angst und der tiefe Stress, die durch die lebensverkürzende Krankheit eines Kindes entstehen, einen sicheren Ort. Der Stress wird abgefedert, die Angst aufgefangen und die Schwierigkeiten in handlichere Brocken zerlegt. Nicht einen Moment denkt man, dass dieses Haus nur ein Wartezimmer für Sterbende ist. Nach meiner Erfahrung ist es vielmehr ein Ort, an dem sich das Leben abspielt – ein »intensives Leben«, das von Menschen gelebt wird, für die das Leben selbst nicht mehr selbstverständlich ist.

Speziell ausgebildete Kinderkrankenschwestern und -pfleger, Ärzt:innen, Physio- und Ergotherapeuten sowie psychosoziale Fachkräfte arbeiten hier jeden Tag, aber dieses Haus fühlt sich nicht wie ein Krankenhaus an.

*Du* bist eingeladen, mit mir einen Rundgang zu machen. Wir gehen am Empfangsbereich vorbei und die Treppe hinunter in das Kinderhospiz. Wir riechen den Duft von frischem Kaffee und hören den fröhlichen Austausch des Reinigungspersonals, während sie ihre Wischmopps gekonnt um die Möbel herumführen. Wir gehen über blaue Kacheln in den Gemeinschaftsbereich des Kinderhospizes und unser Blick fällt auf ein helles Wandgemälde, das ruhige Waldszenen mit zart gemalten Vögeln und Tieren zeigt. Ich berühre den automatischen Schalter und die Tür zum Aufenthaltsraum schwingt auf. Auf dem Weg dorthin siehst du vielleicht eine der Köchinnen in der Küche, die frische Zutaten für ein gemeinsames Essen zubereitet. Wir gehen am Frühstücksbuffet vorbei, bedienen uns an einem Kaffee und bemerken einen separaten Spielbereich zu unserer Rechten, in dem eine kleine Legoexplosion auf dem Teppich stattgefunden zu haben scheint.

Schließlich, ein paar Schritte weiter, stehen wir vor dem Atrium, das zum Himmel hin offen ist, und hören das Rauschen von Wasser aus einer kleinen Quelle. Im lichten Inneren liegen auf dem Kiesboden handbemalte Steine, jeder ein Unikat, sanft um einen Ahornbaum gelegt. Die Blätter des Ahorns sind rot, einige Blätter sind auf den Kiesboden gefallen. Jeder Stein trägt den Namen eines Kindes, das verstorben ist. Er wurde von den Eltern des Kindes gemalt. Der Stein erinnert an das Kind, das einst gelebt hat, und ehrt auch eine Familie, deren Leben sich durch den Verlust für immer verändert haben wird. Ich kann nicht am Atrium vorbeigehen, ohne daran zu denken, dass eines Tages Daniels Name auf einem dieser Steine stehen wird … aber ich versuche, jetzt noch nicht daran zu denken.

Wir stehen eine Weile ganz still. Eine kleine Trauer-Kerze in einem roten Plastikbecher brennt hell. Sie steht in der Nähe eines Steins, auf dem der Name »Nenita« (Name geändert) mit rosa Glitzer aufgemalt ist. Ich frage mich, wie alt Nenita war, und denke an ihre Eltern. Wir beobachten das Flackern der Flamme und lassen den Raum für sich selbst sprechen.

Wir sehen ein junges Paar, das an einem Gemeinschaftstisch frühstückt, den Kopf über einen Reiseführer gebeugt. Sie machen Pläne für einen Ausflug. Zwei Kinder sind in ihrer Nähe. Ein Mädchen sitzt in einem Rollstuhl, ihr Kopf wird von weichen Kissen gestützt. Das Kissen ist leuchtend rosa und hat die Form eines Flamingos. Sie hat große blaue Augen und feines blondes Haar, aber ihr Gesicht hat keinen Ausdruck. Eine Krankenschwester füttert sie mit winzigen Löffeln Joghurt, die sie mühsam hinunterschluckt. Ihr jüngerer Bruder kniet auf der Frühstücksbank und hält in der einen Hand ein Lego-Raumschiff und in der anderen ein halbes Nutella-Brötchen, was man in seinem Gesicht deutlich sieht.

Wir gehen an einem der fünf Zimmer vorbei und sehen, dass ein Pfleger die Sondennahrung für einen jungen Patienten, der wie mein Sohn nicht schlucken kann, vorbereitet. Das Kind liegt im Bett, wir hören die Stimmen und sehen eine leuchtende »MyToni©«-Box auf seinem Bett. Der Pfleger winkt mit der behandschuhten Hand, als wir vorbeigehen. Du drehst dich zu mir um und sagst leise: »Werden diese Kinder bald sterben? Ich meine, es ist ein Kinderhospiz, also …« Ich schüttle den Kopf: »Vielleicht, aber höchstwahrscheinlich nicht. Kinderhospize unterscheiden sich ganz deutlich von Hospizen für Erwachsene. Erwachsene Menschen, die nur noch wenige Stunden oder Tage zu leben haben, gehen in ein Hospiz und sterben dort tatsächlich meist ziemlich schnell. Das Konzept eines Kinderhospizes ist anders. In diesen Häusern haben alle Kinder mit einer lebensverkürzenden Diagnose die Möglichkeit, 28 Tage im Jahr zu bleiben, nicht nur, wenn sie kurz vor dem Sterben stehen, sondern schon viel früher einfach zur Entlastung ihrer pflegenden Eltern. Mein Sohn Daniel kommt ins Kinderhospiz, seit er acht Jahre alt war. Es gab Zeiten, in denen es ihm gut ging und unser Besuch ein glücklicher war, aber es gab auch Zeiten, in denen er sehr krank war und ich dachte, er könne sterben. Aber das tat er nicht und wir gingen wieder nach Hause.«

Wir halten inne, um einen Musiktherapeuten, der eine Gitarre trägt und ein Kind im Rollstuhl schiebt, an uns vorbeizulassen. Sie gehen in den »Snoezelraum« – einen schummrigen Raum mit Lichteffekten an den Wänden. Der Junge im Rollstuhl klatscht fröhlich in Erwartung der Musik, die jetzt kommt.

Ein Applaus ertönt und wir drehen uns um und sehen ein Xbox-Fußballspiel, das Ali (Name geändert) und sein Vater spielen. Beide halten einen Controller in der Hand und konzentrieren sich auf den Fernseher an der Wand. Ali liegt zusammengekuschelt zwischen dicken Kissen auf dem Sofa. Über einen dünnen Schlauch bekommt er aus einer brummenden Maschine Sauerstoff in die Nase zugeführt. Vater und Sohn sind zu sehr in ihr Spiel vertieft, um uns zu bemerken, also ducken wir uns schnell am Fernseher vorbei und gehen auf den Pflegestützpunkt zu. Es ist ein geschlossenes Glas-Büro mit Stühlen auf Rädern und ein paar Computerbildschirmen. Zwei Krankenschwestern besprechen sich mit einer Ärztin. Sie schauen auf und winken, als wir vorbeigehen. Ich nenne die Krankenschwestern mit Namen. Mein Sohn und ich waren schon oft hier und es ist ein Privileg für Eltern, die Krankenschwestern und Pfleger kennenzulernen, die sich um unsere Kinder kümmern.

Du wirfst einen Blick zurück auf die Gruppe um den Tisch und fragst: »Wenn die Kinder hier unheilbar krank sind, hat ein Arzt wohl nicht mehr viel zu tun?« »Nicht ganz«, entgegne ich, »warum fragst du nicht Frau Dr. Janßen – sie ist eine der Palliativmedizinerinnen, die viele der Kinder und Jugendlichen hier besucht, sie kommt gleich zu Daniel. Dann kannst du sie fragen.« Du nickst und wir setzen unseren Rundgang fort, wobei wir flink zurücktreten, um einem Bett mit hohem Geländer auszuweichen, das von zwei Mitarbeiterinnen durch die Tür geschoben wird. »Sorry«, ruft die eine, »ich habe noch keinen Führerschein für das Bett!« Wir lachen und gehen weiter. Jetzt befinden wir uns in einem neuen Eingangsbereich, einem langen, gläsernen Gang, der Kinder- und Jugendhospiz verbindet. Die Wände sind weiß mit roten und orangenen Farbtupfern, und der Boden ist mit warmen Fliesen ausgelegt. Bodentiefe Fenster öffnen den Blick auf einen Sitzbereich mit Korbstühlen, quadratischen Sonnenschirmen und hinter einer niedrigen Hecke auf einen Garten mit hohen Bäumen. Ein Vater sitzt im Sonnenschein, eine Tasse Tee in der Hand, und telefoniert.

»Willkommen im Jugendhospiz«, sage ich, und wir gehen den Gang entlang. Zu unserer Linken befinden sich die Haupteingangstüren des Jugendhospizes und ein Aufzug zu den oberen Etagen. Draußen sehen wir einen Gärtner, der eine Schubkarre schiebt, und einen Sauerstofflieferanten, der Flüssigsauerstoffbehälter abfüllt, die wie bösartige Bomben aufgereiht sind. Wir biegen in eine orangefarbene Tür zu unserer Rechten ein und werden von einer Flut von Musik empfangen. Ich kann den Text erkennen: »Here we go again on this rollercoaster life …« (»Rollercoaster« von Danny Vera) – ein Lied, das ziemlich gut dazu passt, wo wir gerade sind! Die Musik kommt aus einem der Zimmer und ich sehe einen jungen Mann in einem elektrischen Rollstuhl, der seine Räder im Takt bewegt. Wir blicken nach oben auf einen hohen Baum, der durch das erste bis zum zweiten Stockwerk reicht.

Wir gehen in das Zimmer meines Sohnes. Sein Name steht an der Zimmertür bunt gemalt mit seinen Lieblingsfiguren von »VeggiTales«©. Man hört das Geräusch der Beatmungsmaschine, ein leises Klicken zwischen Ein- und Ausatmen, und im Hintergrund läuft ein Radio. Er schläft, sein Gesicht ist entspannt und seine Augen sind geschlossen. Die Krankenschwester, die sich heute um ihn kümmert, schaut auf und lächelt hinter ihrer Maske. Sie bereitet gerade seine Medikamente vor und hat eine Reihe verschiedener Spritzen auf dem Tresen stehen. Sie sagt: »Guten Morgen! Haben Sie gut geschlafen?«, und berichtet mir, wie Daniels Nacht verlaufen ist. »Sein Sauerstoffbedarf ist etwas hoch, aber seine Herzfrequenz ist stabil.«

Ich frage dich: »Darf ich dir meinen Sohn Daniel vorstellen?« Du begrüßt Daniel mit einem »Hallo«. Seine Augen blinzeln. Du siehst einen dicken blassgrünen Schlauch, der von der Beatmungsmaschine kommt und mit einem weißen Schlauch an seinem Hals verbunden ist. Ich beuge mich zu Daniel hinunter, umarme ihn sanft und drücke ihm einen Kuss auf die Wange. »Hey, mein Schatz«, flüstere ich ihm ins Ohr, »wie geht es dir?« Er wird langsam wach. Ich sehe, wie du auf einen weiteren dünnen Schlauch schaust – »Das ist sein Frühstück«. Das Puls- und Sauerstoffmessgerät zeigt im LCD-Display Zahlen, die sich ständig ändern. Ich lege meine Hand auf seine Schulter – »Hey Kumpel, kannst du deinen Himmel sehen?« Seine Augen blicken nach oben zu der Himmelslampe, einem genialen »Stück Himmel« direkt über seinem Bett. Das Zimmer ist in sanftem Grau gestrichen, mit langen dicken Vorhängen und Holzschränken. Sein Bett ist ein Krankenhausbett voll mit bequemen Kissen.

»Warum kann Daniel sich nicht selbst bewegen, essen oder atmen?«, fragst du. Frau Dr. Janßen, die Ärztin des Kinderpalliativteams, kommt ins Zimmer, begrüßt Daniel und uns und erklärt: »Daniel hat eine Abbaukrankheit des Gehirns namens Morbus Alexander – eine Leukodystrophie. Das bedeutet, dass die weiße Hirnsubstanz kontinuierlich zerstört wird.« Ich erkläre weiter: »Die Diagnose wurde gestellt, als er zwei Jahre alt war, und schon mit vier oder fünf Jahren verlor er seine Fähigkeiten zu sitzen und zu essen. Die Krankheit ist eine Genmutation, sehr selten und unheilbar. Sie ist fortschreitend und die Hirnschäden sind irreversibel. Als er klein war, konnte er noch seine Hände bewegen und sprechen. Mit der Zeit hat er viele Fähigkeiten verloren, sogar das Schlucken und Atmen. Die Behandlung, die er erhält, ist unterstützend und palliativ.«

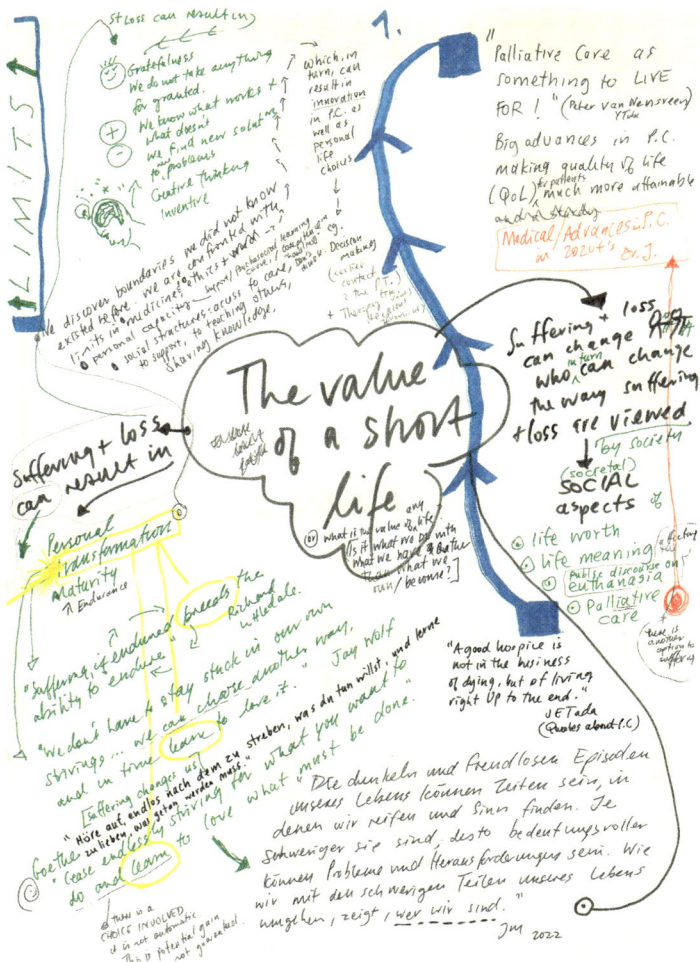

»The Value of a short Life« – Jedes Leben – und mag es noch so kurz sein – hat einen großen Wert. »Mein Sohn steht für meine größte Freude und mein tiefstes Leid, meinen Willen zu leben und die Angst zurückgelassen zu werden.« Zitat, Bildgestaltung und Foto: Judy Machiné

Du fragst: »Was heißt palliativ?« Dr. Janßen antwortet: »Eine palliative Behandlung ist im Gegensatz zur kurativen Therapie ausschließlich auf eine Linderung des Leids ausgerichtet. Im Krankenhaus steht zunächst die Diagnose im Mittelpunkt. Die Behandlung erfolgt dann fast immer mit dem Ziel der Heilung – ob mit Medikamenten oder chirurgisch. Wenn es keine Chance auf Heilung gibt, ändert sich das Therapieziel in Richtung einer Leidensminderung. Hier im Kinderhospiz arbeiten auch Fachleute, aber der Fokus ist ein ganz anderer. Das Kind oder der junge Mensch steht mit seinen Beschwerden, aber auch mit seinen Wünschen im Mittelpunkt – und nicht seine Krankheit.«

Als wir uns umdrehen, bemerken wir eine Bewegung im Garten und sehen durch das Fenster, wie ein flinkes Eichhörnchen leicht über die Terrasse hüpft und unter der Hecke verschwindet. Jedes Zimmer im Jugendhospiz hat eine eigene Tür, die nach draußen führt und einen Blick in den Garten bietet. Die Türen sind breit genug, um ein Bett hindurchzuschieben, und an Tagen, an denen es Daniel nicht gut genug geht, um ihn in seinem Rollstuhl aufzusetzen, tun wir genau das – wir schieben das ganze Bett und alle seine Geräte in den Garten.

Dr. Janßen legt Daniel zur Begrüßung die Hand auf die Schulter. Sie hört seine Brust mit dem Stethoskop ab und stellt Fragen zu seiner Temperatur und Sauerstoffsättigung. Außerdem überprüft sie die Dosierung von Morphium und medizinischem Cannabis, die er einnimmt. Sie spricht mit der Pflegekraft über die weitere Behandlung. Dann frage ich sie, ob sie dir einige deiner vielen Fragen beantworten kann. Wir gehen gemeinsam in den Garten und finden eine gemütliche Gruppe von Stühlen. Du fragst: »Welche Aufgaben hat ein Arzt im Kinderhospiz, wenn man doch weiß, dass die Kinder sterben werden?« »Oh, es gibt viel zu tun!«, antwortet Dr. Janßen. »Wir schauen auf Daniel und überlegen immer wieder, mit welchen Medikamenten wir sein Leben erleichtern können. Das bedeutet z. B., dass wir seine Schmerzen behandeln, ihn ausreichend ernähren und dafür sorgen, dass er gut Luft bekommt. Das ist nicht so einfach, denn Daniel kann uns nicht sagen, was schmerzt. Hier müssen wir gut auf seine Mutter hören, die ihn am besten kennt.«

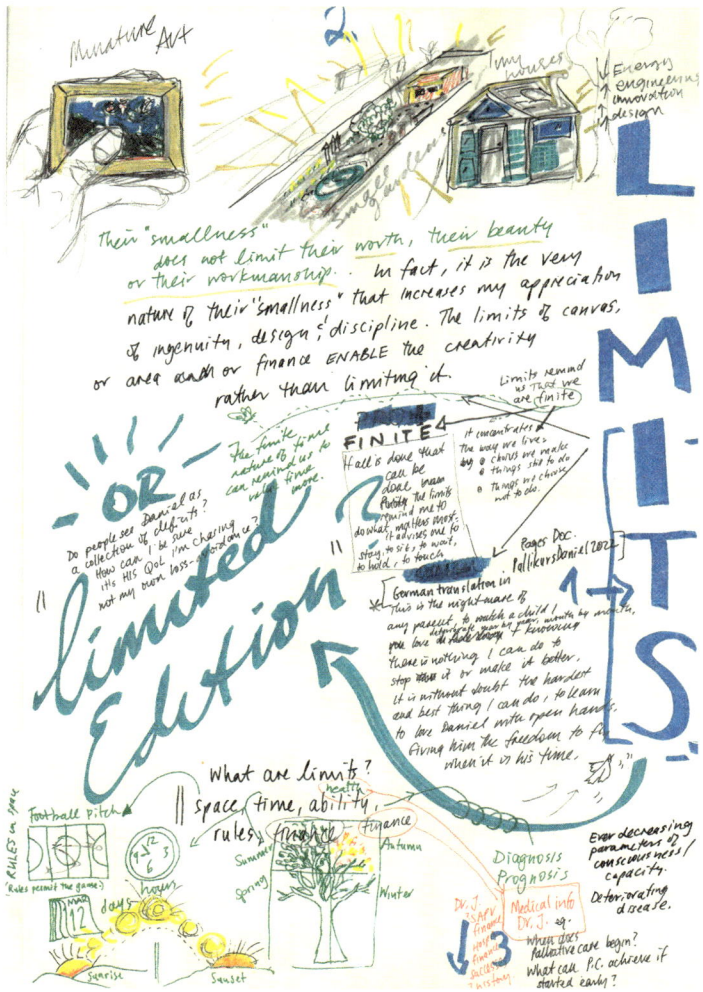

»Mein Sohn Daniel führt zwar ein Leben mit ›Limits‹, aber ich erlebe ihn als eine über alles geliebte ›Limited Edition‹.«
Zitat, Bildgestaltung und Bildquelle: Judy Machiné

»Ich sehe, dass Daniel viel Unterstützung braucht«, sagst du – und schaust mich an –, »stört es dich, wenn ich frage, wie viel Zeit ihm noch bleibt?« Ich schüttele verneinend den Kopf und Dr. Janßen antwortet: »Wir wissen, dass schon eine banale Erkältung bei Daniel mit seiner schweren Krankheit zum Tod führen kann. Aber wann dieser Moment sein wird, lässt sich nur sehr schwer voraussagen. Wir merken aber manchmal, wenn ein Kind schwächer wird und auch die letzte Kraft verliert.«

Es ist viel zu verkraften und du bist eine Zeit lang still. Dann fragst du mich: »Das Wissen um eine unheilbare Erkrankung muss doch für Eltern unerträglich sein. Wie gehen Eltern damit um?« »Jedes Elternteil ist anders, und ich kann nur für mich selbst sprechen. Eine Diagnose wie die von Daniel zu erhalten, ist wie ein Tsunami, der über einen geschätzten Garten hereinbricht. Er zerstört alles, jede Orientierung wird ausradiert. Ich versuche, die ganz normalen, einfachen Momente zwischen Mutter und Sohn zu genießen, Momente, in denen die Diagnose im Hintergrund steht. Ich lebe für die guten Tage, an denen Daniel keine Schmerzen hat und an denen es ihm gut genug geht, um zu kommunizieren und zu lächeln, und ich mache einen Schritt nach dem anderen durch die dunkleren, schwierigeren Tage. Ich hoffe nicht auf Heilung oder Wunder – manche Hoffnungen können gefährlich sein.«

Frau Dr. Janßen ergänzt: »Hoffnung und Wahrheit müssen auf diesem Weg gut bemessen und vorsichtig kommuniziert werden. Das ist auch eine der Aufgaben des professionellen Teams, dafür sind wir alle da. Es gilt, die Familien mit einer Offenheit zu begleiten, ihre Wünsche zu hören, diese möglichst umzusetzen, aber auch ehrlich zu sagen, wenn Wünsche nicht realistisch sind oder gar dem Kind schaden. Hier fühlen sich Ärzte und Pflegende als Anwälte des Kindes. Oft stehen wir mit den Eltern an Kreuzungen des Lebenswegs. Es gilt Entscheidungen zu treffen, die alles andere als einfach sind.«

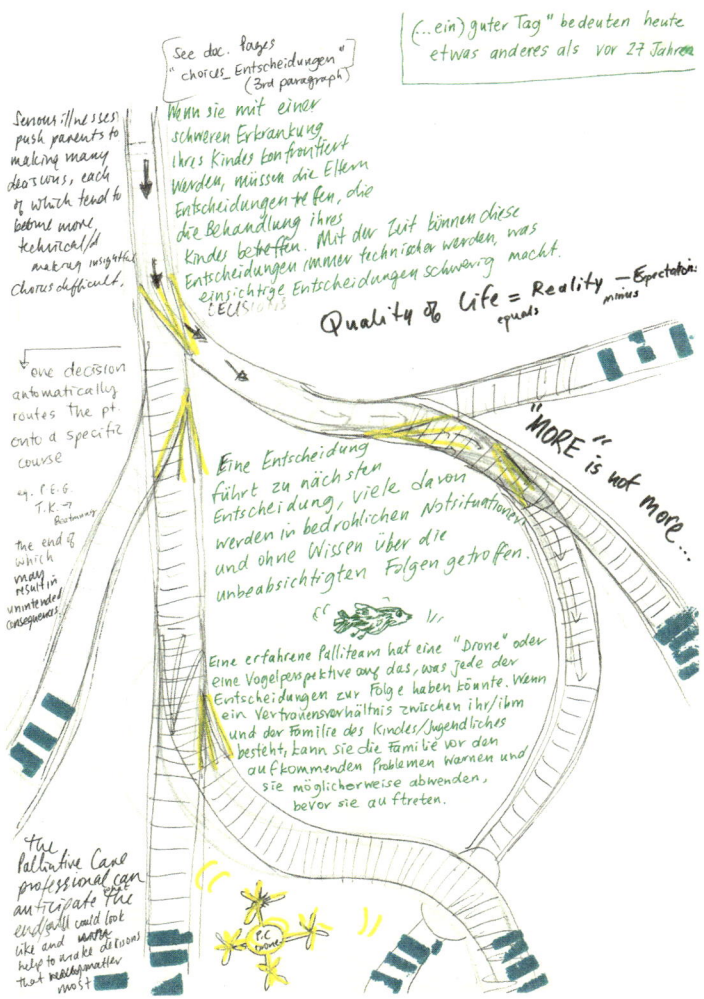

»Der Lebensweg führt meinen Sohn und mich immer wieder an Weggabelungen, wo Entscheidungen zu treffen sind. Hier brauche ich vertrauensvolle Hilfe mit Nähe zu uns, aber dann auch einem Blick aus der Vogelperspektive.«
Zitat, Bildgestaltung und Bildquelle: Judy Machiné

»Ja«, ich nicke, »das stimmt. Als Mutter möchte ich aktiv etwas für mein Kind tun, um ihm zu helfen, aber je weiter seine Krankheit fortschreitet, habe ich immer weniger Möglichkeiten. Ich bin dankbar für das Kinderpalliativteam, denn es hilft mir, mich auf das zu konzentrieren, was für Daniel am wichtigsten ist, auch wenn das bedeutet, weniger aktiv, aber dafür präsenter zu sein«.

Ich lehne mich in meinem Stuhl zurück und werfe einen Blick auf die Tür, die zu Daniels Zimmer führt: »Im Regenbogenland wird die große Last der Pflege von bereitwilligen Händen getragen und schmerzhafte Symptome werden professionell behandelt. Gefühle wie Einsamkeit, Angst und Trauer sind ebenso willkommen wie der junge Patient, der sie erträgt. Meiner Erfahrung nach können die Schwächsten unter uns weise Lehrer sein, wenn wir nur genau genug hinschauen.«

Im Flur laufen wir an einem Windlicht mit einer brennenden Kerze vorbei. Ich erkläre, dass es ein Zeichen ist, dass ein Kind zu Hause oder im Kinder- und Jugendhospiz verstorben ist. Ich weiß, dass heute kein Kind im Hospiz gestorben ist, und denke mir, dass es zu Hause passiert sein muss. Ich denke an die Trauer der Eltern und bin traurig.

Auf mein Bitten zeigt uns die Schwester den Abschiedsraum. Wir gehen einen Korridor entlang, der mit einem Regenbogen in Aquarellfarben bemalt ist, bis zu einer breiten Naturholztür. Du fragst mich: »Bist du sicher, dass du reingehen willst? Wir müssen nicht, wenn du nicht willst.« Ich halte inne und lege meine Hand auf die Türklinke: »Stimmt, es ist schwer, sich meinen Sohn hier vorzustellen. Aber ich weiß, dass dieser Tag X kommen wird, dass Daniel eines Tages sterben wird. Wenn es passiert, dass Daniel hier stirbt, dann wird sein Körper nach dem Tod in diesen Raum gebracht und alle, die ihn geliebt haben, werden Zeit haben, sich von ihm zu verabschieden. Ich möchte ihn noch einmal sehen, denn ich weiß, dass es ein guter Ort ist.« Ich öffne die Tür und wir machen ein paar zaghafte Schritte in den Raum, unsere Füße stehen leise auf dem Teppich.

Alles ist hell und geräumig und der Frieden ist spürbar. Dein Blick fällt auf ein einfaches Holzbett vor einem leuchtenden Gemälde mit einem Blumenfeld und einem riesigen blauen Himmel. Das Bett hat Kissen und eine bequeme Bettdecke. Die Wände sind in einem warmen Grau gehalten und der Boden ist aus Holz. Am Ende des Raumes lassen große Fenster mit weißen Vorhängen das natürliche Licht aus dem Garten herein. Du kannst die Vögel in der Hecke draußen zwitschern hören. Wir sind still. Die Stille des Raumes wirkt auf uns beide.

Zu unserer Rechten steht eine kleine Gruppe von Sofas und ein niedriger Tisch. Er ist vom Bett getrennt, aber man kann das Bett von der Couch aus sehen. Es ist schwer, hier zu stehen, aber es ist auch irgendwie gut. Ich habe im Kinder- und Jugendhospiz gelernt, nicht wegzuschauen. Ich weiß, dass dieser Tag kommen wird, aber ich weiß auch, dass ich nicht allein sein werde, wenn er kommt.

Wir verlassen den Abschiedsraum und kommen ins Leben des Jugendhospizes und zu Daniel zurück.

Bald ist unsere Auszeit im Regenbogenland vorbei und wir werden wieder nach Hause fahren. Unsere Koffer und Klappkisten sind in einer Ecke gestapelt und bereit zum Packen. Bevor wir gehen, habe ich den Seelsorger im Familienteam gebeten, für Daniel zu beten. Es ist nur ein Moment, der mir aber viel Trost und Kraft gibt. Ich glaube, dass mein Sohn, obwohl er nicht sprechen kann, die Anwesenheit des Seelsorgers wahrnimmt. Er steht an Daniels Bett, begrüßt ihn mit seinem Namen, dann betet er zuerst für uns beide und spricht später den Segen. Tränen treten mir in die Augen. Ein Kreuzeichen auf Daniels Stirn und sein Gebet erinnern mich an den Trost, den ich in meinem Glauben finde, und erreichen mein Herz. Ich habe Tränen für den Verlust und die Angst vor dem, was noch kommen wird. Aber ich bin dankbar für die Mitarbeiter:innen hier im Regenbogenland, die die schwere Last der Pflege eines jungen Mannes mit einer lebensverkürzenden Krankheit teilen, für diejenigen, die unseren Schmerz sehen und nicht wegschauen. Ich bin dankbar für ein Haus, das den Respekt und die Freundlichkeit für jeden Menschen lebt, unabhängig von seinen Fähigkeiten oder geistigen Möglichkeiten.

Wir verlassen das Jugendhospiz durch den Aufenthaltsraum, wo an einem der Tische zwei junge Patienten und ein Pfleger ein energisches UNO-Spiel spielen. Eine Glastür führt hinaus auf eine Terrasse mit rollstuhlgerechten Musikinstrumenten. Wir gehen an der Gedächtniswand vorbei. Von diesem Punkt des Gartens aus können wir sowohl das Kinder- als auch das Jugendhospizhaus sehen.

Bevor du gehst, stellst du eine letzte Frage: »Was bedeutet dieses Haus für dich und Daniel?« Während mein Blick auf die modernen weißen Wände mit den leuchtend roten und orangefarbenen Fensterquadraten fällt, antworte ich: »Dieses Haus sagt mir, dass das Leben meines Sohnes wichtig ist, dass sein und mein Schmerz wichtig sind und dass wir nicht allein sind, selbst wenn das Schlimmste passiert.«

Du lächelst: »Weißt du, ich hätte nie gedacht, dass ich auf dieser Tour durch das Regenbogenland lächeln würde … aber ich habe es getan. Es ist ein sehr ungewöhnlicher und sehr notwendiger Ort.« Ich stimme zu und wir schütteln uns die Hände. »Ja«, nicke ich, »es ist in der Tat ein besonderer Ort, wo die Hoffnung wohnt und man das Leben spürt.«

*Daniel starb in den Armen seiner Mutter, zwei Tage nachdem wir diesen Artikel fertiggestellt hatten. Er wurde 27 Jahre alt.*

# Emil – Sturkopf, Wunderkind und coolste Socke überhaupt

*Evelyn Meißner*

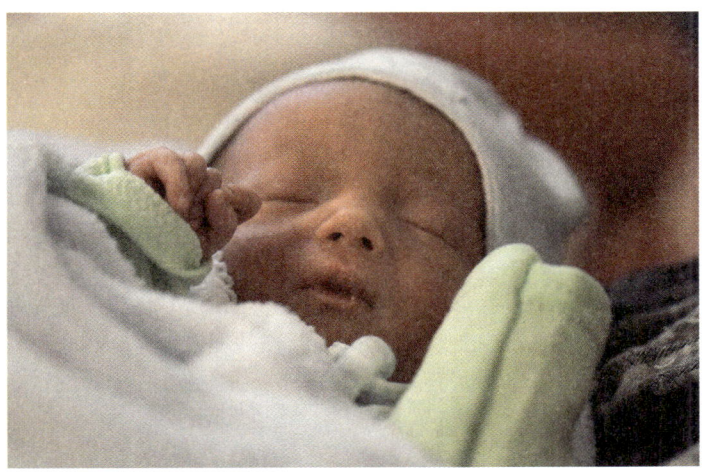

Emil Benjamin Meißner, 23.11.2020–26.11.2020
© Jennifer von Klonczynski

2020. Anfang des Jahres. Nach einer Fehlgeburt in der sechsten Woche versuche ich mich emotional zu erholen. Ich hatte meinem Körper die Entscheidung überlassen und wollte auf keinen Fall zu irgendwelchen Hilfsmitteln greifen. Ende Februar erwartete ich meine Regelblutung. Aber sie kam nicht. Nach der Fehlgeburt traute ich mich nicht, einen Test zu machen. Tat das aber dann doch. Neugier, auch so eine komische Charaktereigenschaft. O. k. Jetzt bloß nicht zu früh freuen. Also einen Gynäkologen geschnappt und ab zur Blutentnahme. Am nächsten Tag blinkte am PC dann dieser wunderschöne hohe hCG-Wert (das Schwangerschaftshormon) auf.

Mein Herz wusste nicht, ob es vor Freude springen sollte oder die Angst überhandnehmen könnte. Also schnappte mich zwei Tage später eine befreundete Kollegin, und der Wert hatte sich verdoppelt. Jackpot! Als dann noch die Übelkeit und Erbrechen anfingen, war mein kleines Herz schon etwas beruhigter. Trotzdem wurde ich erstmal krankgeschrieben, mit der Bitte über ein Beschäftigungsverbot nachzudenken. Also lag ich im Bett und verfluchte jeden Geruch. Nasen braucht kein Mensch. Und mal ehrlich, Lord Voldemort brauchte auch keine Nase.

Die folgenden Wochen waren zwar durch den Lockdown sehr merkwürdig, aber die viele Zeit mit der Familie war einfach nur schön. Bei bestem Frühlingswetter und vielen Geburtstagen. Zu meinem Geburtstag bekam ich dann auch die besten Geschenke überhaupt. Klopapier und Nudeln. Quasi der Goldschatz in Zeiten des Lockdowns. Und: Im Doppler-Ultraschall hörte ich zum ersten Mal den Herzschlag meines Mitbewohners. Ich hatte leichte Tränen in den Augen und freute mich riesig. Bei diesem Ultraschall wurde der Entbindungstermin um eine Woche zurückgesetzt. Ein mulmiges Gefühl breitete sich aus, da ich mir sicher war, wann mein Kind gezeugt wurde. Es folgten Ostern, der Geburtstag meines zweitgeborenen Sohnes Simon und das Ende des dritten Monats.

Eines Nachts wachte ich schweißgebadet auf. Ich hatte geträumt, dass ich Blutungen habe und auf dem Weg ins Krankenhaus wäre. Zwei Tage später war es tatsächlich so weit. Kurz vor der 12. Woche hatte ich morgens Blut auf dem Klopapier. Was macht Frau in der Situation? In Formel-1-Manier zum Frauenarzt fahren. Ein Wunder, dass mich Mercedes nicht direkt als Pilotin angeheuert hat. Beim Ultraschall schlug das Herz fleißig vor sich hin und zum ersten Mal wurde vorsichtig das Wort »Junge« in den Mund genommen. Der Arzt erklärte, dass die Plazenta sehr tief sitze und es dadurch zu Blutungen komme. In Ordnung. Das hatte mein Kopf verstanden. Mein Herz natürlich nicht. Und so fuhr ich ständig ins Krankenhaus. Nicht, dass man hätte etwas daran ändern können. Aber das erklären Sie mal dem ängstlichen Mama-Herz. Damit ich erstmal zur Ruhe komme, wurde ich am Anfang des vierten Monats stationär aufgenommen. Daraufhin war die Blutung rückläufig. Dies führte zu ein wenig Entspannung. Es war trotzdem irgendwie schräg. Mein Verstand sagte, dass Blutungen und Schwangerschaft nicht zusammenpassen. Mein Unterbewusstsein wusste, dass es dem kleinen Kerl im Bauch gut geht. So war es auch. Bei jedem Ultraschall ging es ihm trotz des Blutverlustes gut. Bei einer Untersuchung fragte mich die Oberärztin, ob sie meinem Baby zwischen die Beine gucken dürfe. Sie sei so neugierig. Ich erlaubte es. Mein Zwerg war da natürlich anderer Meinung und verschränkte die Beine. Seinen Spitznamen »Sturkopf« hat er definitiv nicht umsonst. Mitte Mai waren dann die Blutungen so stark, dass mir das Blut die Beine herunterlief und das Krankenhaus mein Zweitwohnsitz wurde. Die Zeit im Krankenhaus war unglaublich irreal. Mir wurde erklärt, dass ich bei jeder Blutung dem Personal Bescheid sagen solle. So wurde mein Intimbereich für den Publikumsbereich freigegeben. Wenn ich Eintritt verlangt hätte, wäre ich jetzt definitiv reich. Man kennt das ja. Kaum saß ich auf dem Klo, lief das Blut. Also, ganz die vorbildliche Patientin, klingelte ich nach dem Personal. Es kam eine Schwesternschülerin, guckte zwischen meine Beine und verschwand wieder. Kurze Zeit später kam eine Schwester, guckte zwischen meine Beine und forderte eine Ärztin an. Also kam dann noch eine Ärztin mit einem PJler (Medizinstudent) und guckte auch zwischen meine Beine. Das Ganze spielte sich an fast jedem Tag ab. Unnötig zu erwähnen, dass die Toilette, mein Intimbereich und meine Beine wie ein Schlachtfeld aussahen. Es war alles voller Blut. Da sitzt man nun. Fühlt sich wie in einem schlechten Film und wartet auf die versteckte Kamera. Es wurde jeden Tag ein Vitalitätsultraschall gemacht, und jeden Tag strampelte Emil (so nannte ich ihn inzwischen) fleißig im Ultraschall vor sich hin. Ich dachte nur, solange es meinem Zwerg gut geht, kann ich mit jedem Blutverlust leben. Und dann kam Himmelfahrt. Im Nachhinein fast schon die perfekte Metapher.

An diesem Tag brach meine Welt zum ersten Mal zusammen.

Bei einem Ultraschall wurden Auffälligkeiten festgestellt. Der Magen war nicht richtig darstellbar und im Gehirn wurden Plexuszysten festgestellt. Alles Softmarker für einen Gendefekt. Ich sollte mich entscheiden, ob es überhaupt noch sinnvoll sei zu kämpfen und ob ein Abbruch nicht sinnvoller wäre. Zack. Boden weg. Es einen Schlag in die Magengrube zu nennen wäre untertrieben. Ich war in der 16. Woche und mein Sohn strampelte fleißig in jedem Ultraschall und bewies trotz massiver Blutungen, dass er bei mir bleiben möchte. Also setzte mein Sturkopf ein (woher Emil wohl seinen Sturkopf hat …) und ich entschied, dass ich meinen Sohn nehme, wie er ist. Es wurde alles für einen Schwangerschaftserhalt getan. Auch eine Pränataldiagnostik lehnte ich ab. Letztendlich liegt die Entscheidung nun einmal bei der Frau, und ich hätte mit meinem Gewissen keine Interruption vereinbaren können. Die Blutungen hörten auf und auch die Zysten wurden von Ultraschall zu Ultraschall weniger. Hach, ich habe es doch gewusst. Emil und ich hatten halt andere Pläne.

Zusammen hatten wir einen echt schönen Sommer. Mit jedem Ultraschall zeigte mein kleiner Sturkopf, dass er sich in meinem Bauch super wohlfühlte, und ich platzte vor Stolz. Jeder Wochenwechsel verursachte einen inneren Vorbeimarsch in mir. Während der Blutungen sagte ich jedem, dass wir vor der 28. Woche nicht mal ansatzweise über eine Entbindung nachdenken müssen. Fast jeder Arzt belächelte es etwas und glaubte nicht daran, dass wir es so weit schaffen würden. Manchmal glaube ich, dass Emil schon aus Protest genau das Gegenteil von dem tat, was die Ärzte von ihm erwarteten. Die Zeit verging und wir erreichten die 24. Woche. Emil planschte fleißig weiter. Die ersten CTGs (Aufzeichnung der Herztöne des Babys) waren dran und ich liebte es, seinen Herzschlag zu hören.

Die 28. Woche kam. Es war einfach toll. In der 30. Woche hatte ich eine leichte Schmierblutung. Diese ließ ich sofort untersuchen. Im Ultraschall hieß es dann: »Oh, Sie haben aber ein zierliches Baby. Und viel zu viel Fruchtwasser.« Sofort schossen mir tausend Ängste durch den Kopf. Könnte nicht einmal ein Arzt sagen, dass alles super ist? Mittlerweile hasste ich Ultraschalluntersuchungen wie die Pest. Von Woche zu Woche hinkte Emil immer mehr hinterher. In der 32. Woche wurde Emil offiziell als SGA (zu klein für die Schwangerschaftswoche) eingestuft. Außerdem zeigte sich ein VSD (Loch in der Herzscheidewand) im Herzen. Ich brach in Tränen aus. Ja, mein Opa hatte das auch und ist über 80 Jahre alt geworden. Ich brauchte etwas zur Beruhigung. Trotzdem brach in mir wieder etwas zusammen. Auf Empfehlung unserer Kinderärztin machte ich einen Termin in einer Uniklinik, in der Emil nach der Geburt bestens am Herzen versorgt werden könnte. Mein kleiner Sturkopf war von der Aufregung total unbeeindruckt. Vor dem Termin konnte ich die ganze Nacht nicht schlafen. Ich wusste instinktiv, dass es ein Tag der Entscheidung sein würde. Und ich hatte tierische Angst davor. Zu Recht, wie ich jetzt zugeben muss. Emil trat immer fleißig zu, wenn ich mental fertig war. Und jedes Mal musste ich lächeln. Wer würde das nur machen, wenn mein Sturkopf weitergereist ist?

In der Uniklinik war es dann absolut schrecklich. Eine empathielose Ärztin zählte auf, welche Fehler mein Sohn hätte, und die Summe aller Fehler sprach für Trisomie 18. Ein lebensverkürzender Gendefekt, bei dem das 18. Gen dreifach vorhanden ist statt zweifach. Da war es. Das, wovor ich panische Angst hatte. Die Ärztin sagte dies, als wenn mein Auto keinen TÜV bekommen hätte. Keine Spur von Mitgefühl. Ich sollte mich sofort entscheiden, wie es weitergehen solle. Natürlich ist man in so einem Moment »absolut entscheidungsfreudig«. Mein erster Gedanke war, dass er sofort raus muss. Panik stieg auf. Ich atmete tief durch. Bekämpfte die Panik und ließ mir nichts anmerken. Sie wies auf mein vieles Fruchtwasser hin. Das müsse doch Schmerzen verursachen und ich hielte mir ja auch meinen Bauch. Darauf sagte ich, dass ich mein Baby vor ihr beschützen möchte. Weil ich weiterhin auf eine Versorgung von Emil pochte, sollte ich auf den Kinderarzt warten. Da saß ich nun mit meiner Mama und brach in Tränen aus. Ich glaube, ich habe noch nie in meinem Leben so viel und stark geweint. Als der Kinderarzt kam, sah ich ihn an und wusste wie bei der Ärztin, dass es zwischen uns nicht passt.

Also brach ich alles ab und stürmte nach draußen. Ich rief unter Tränen meinen Mann an und erzählte, was passiert war. Beruhigen konnte er mich nicht. Und ich musste ja irgendwie in der Lage sein, mit dem Auto nach Hause zu fahren. Er riet mir, meinen Frauenarzt anzurufen. Das tat ich auch. Der konnte mich tatsächlich beruhigen, sodass ich in der Lage war, nach Hause zu fahren. Die nächsten drei Tage habe ich nur geweint und brauchte zum Schlafen Beruhigungsmittel. Wie sollte ich das nur schaffen können? Drei Tage nach den Erlebnissen in der Uniklinik hatte ich einen Termin bei einem Pränatal-Mediziner für eine Fruchtwasseruntersuchung. Mein Frauenarzt hatte sich darum gekümmert. Bei dem Termin war auch der Chefarzt der Kinderklinik dabei. Anfangs konnte ich kein Wort sagen, weil ich nur geweint habe. Das musste ich auch nicht. Der Pränatal-Mediziner fing an und sagte zu mir: »Sie müssen auch erstmal nichts sagen. Ich fange an und Sie klinken sich ein, wenn Sie so weit sind. Ich habe jetzt so viel über Ihr Baby lesen können, aber nirgendwo steht etwas über Sie. Sie sind viel zu kurz gekommen.« Ab da hatte er mich. Ich habe direkt gemerkt, dass sich in mir etwas löste.

Zusammen mit dem Chefarzt der Kinderklinik fiel dann die Entscheidung für eine Palliativgeburt. Das bedeutet, dass man ganz normal sein Baby austrägt, entbindet und das Baby nach der Geburt schmerzfrei in den Tod begleitet wird. Und genau das hat mein Leben gerettet: die Empathie der beiden Ärzte, die mich emotional abgeholt hatten, und meine Entscheidung für Emils Palliativgeburt.

Ein schwerer Gang war dann, seinen beiden Brüdern zu sagen, dass ihr Geschwisterchen sterben würde. Vor allem Simon hatte mir all seine Emotionen entgegengeworfen. Sein herzzerreißender Aufschrei hat sich tief in meine Seele gebrannt. Als ich ihm erklärte, dass Emil nach seiner Weiterreise als Engel immer bei uns sein wird, war er beruhigter. Seitdem ist er ein unglaublich toller Trauerbegleiter. Er ist so unbeschwert und hat wundervolle Ideen. Freddy Mercury gibt übrigens im Himmel Privatkonzerte für Emil. Na, neidisch? Zu Recht. Auch reichte er mir sein Lieblingskuscheltier. Emil Eisbär von McDonald's. Emil Eisbär nimmt nämlich nicht nur Schmerzen, sondern macht auch schöne Geburten. Spoiler: Mein Kind hatte Recht. Emils Papa und sein zweiter großer Bruder Jonas hatten Schwierigkeiten, meine Entscheidung zu akzeptieren. Für die beiden war der Fortbestand der Schwangerschaft ein Warten auf den Tod, und sie ließen mich das auch wissen. Jedes Mal sagte ich, dass sie sich irren und es ein Feiern des Lebens bedeuten würde. Emils Zeit bei uns war nun einmal begrenzt und jeder Tag mehr war ein Tag mehr mit Emil. Trotzdem bekam ich immer wieder ihren Unmut zu spüren. Bis mir irgendwann der Kragen platzte und ich verkündete, dass es mir egal sei, was sie denken. Hier gehe es schließlich um mich und dass ich den absoluten Mama-Worst-Case überleben müsse. Jetzt hätten gefälligst alle für mich da zu sein.

Ich hatte Emil recht früh versprochen, dass er seinen eigenen Weg gehen und selbst entscheiden darf. Er entschied sich fürs Weiterplanschen. Mittlerweile hatte ich sechs Liter Fruchtwasser. Normal wären ca. 800 ml Fruchtwasser. Es war also ein sehr komfortabler Swimming-Pool. Kein Wunder, dass er sich so wohlfühlte. Ich wurde darauf vorbereitet, dass Emil im Bauch versterben würde. Wir den Entbindungstermin nicht erreichen würden. Bei dieser Menge Fruchtwasser sollte jederzeit ein Blasensprung kommen. Er unter der Geburt versterben könnte. Er nur wenige Stunden alt würde. All das stand für die Ärzte fest, wie das Amen in der Kirche. Nur nicht, dass er leben würde. Zum Glück hatte ich durch Zufall direkt nach Emils Diagnose eine phantastische Trauerbegleiterin bekommen. Sie sah nämlich alles genauso anders wie ich. So kam ich doch Woche für Woche mit Babybauch zu ihr. Mein kleiner Sturkopf hatte halt ganz andere Pläne.

Ich kümmerte mich in der Schwangerschaft um unglaublich viele Sachen. Bis zu Emils Geburt hatte ich tatsächlich alles durchgeplant und organisiert. Beisetzung, Rückbildungskurs für Sternenmütter, Schulbefreiung der Geschwister, Kostenübernahmen durch die Krankenkasse etc. Emils Planschen und seine Tritte gaben mir so viel Kraft, alles erledigen und planen zu können. Ich sagte immer wieder, dass er noch nicht kommen solle, ich hätte noch Pläne und jetzt keine Zeit für eine Geburt. In Wahrheit war ich einfach noch nicht bereit, Emil loszulassen. Wir hatten wirklich schöne Wochen zusammen. Ich schwänzte alle Arztbesuche und machte mit Emil nur noch, was uns Spaß machte. Zu essen bekam Emil nur das gute ungesunde Zeug. Ich begann auf Instagram über unsere Liebesgeschichte zu schreiben. Eigentlich nur, um unangenehme Fragen zu vermeiden. Aber mittlerweile tat es mir so gut und ich habe auch viel Zuspruch von anderen Frauen erhalten.

Außerdem bin ich auf Facebook in einer Gruppe für betroffene Eltern. Der Austausch tut so unglaublich gut. In der Gruppe habe ich auch den Tipp bekommen, dass ich mit Emil nach der Geburt in ein Kinderhospiz gehen könne. Also rief ich sofort dort an und saß am nächsten Tag hochschwanger im Hospiz. Wir waren mittlerweile schon drei Tage über dem Termin. Ich besprach, welche Wünsche ich für die Zeit nach Emils Geburt hätte. Nämlich, dass seine Familie die ganze Zeit bei ihm sein dürfte – in Zeiten von Corona ist das in Krankenhäusern nicht so einfach … – und dass ich bei seiner Weiterreise nicht allein sein möchte. Ich wurde darauf hingewiesen, dass ich auch bei einer stillen Geburt ins Kinderhospiz kommen dürfe. Sie hätten dort einen speziellen Abschiedsraum und wir hätten dann Zeit und Ruhe zum Abschiednehmen. Das muss man auch erstmal wissen. Ich war jedenfalls megahappy und hatte ein sehr gutes Gefühl. Wir verblieben so, dass ich mich nach der Geburt melden und dann jederzeit kommen könne. Auch mitten in der Nacht.

Mein Wunderkind machte weiterhin keine Anstalten, auf die Welt zu kommen, und planschte fleißig weiter. Es kam der Entbindungstermin, und es tat sich überhaupt nichts. Als wir eine Woche über dem Termin waren, wurde eine Entlastungspunktion durchgeführt, um meinen Uterus vom vielen Fruchtwasser zu entlasten. Emil fand das natürlich total doof und wehrte sich mit Händen und Füßen. Aber: Er planschte weiter. Es verging wieder eine Woche und Emil machte keine Anstalten, auf die Welt zu kommen. Ein kleiner Sturkopf halt. Aber ich spürte seine Bewegungen jetzt viel intensiver. Das war so unglaublich schön und kostbar für mich. Weil das viele Fruchtwasser für meinen voroperierten Uterus langsam gefährlich wurde, entschieden wir uns in der 43. Woche doch für eine sanfte Einleitung mit Gel. Es fühlte sich trotzdem genau richtig an. Ich war jetzt tatsächlich bereit für die Geburt. Im letzten Ultraschall planschte Emil fröhlich vor sich hin und hatte Schluckauf. Es war so süß, dass ich dabei einfach die ganze Zeit lächeln musste. Anschließend wurde das Gel eingeführt. Emil war davon ungefähr so beeindruckt wie mein Zweitältester von Rosenkohl. Es tat sich nämlich absolut gar nichts. Also kam abends eine total liebe Hebamme und gab mir nochmal ein Gel. Und was soll ich sagen? Es tat sich natürlich nichts. Ich sag's ja. Sturkopf. Abends bekam ich Schmerzmittel für die Nacht, falls ich doch Wehen bekommen sollte. Ich ging noch einmal baden und hörte wie jeden Abend Rolf Zuckowskis Weihnachtslieder. Eine schöne Weihnachtstradition. Es war der 23.11.2020.

Nachts, kurz vor 2 Uhr, wachte ich durch die Wehen auf und fragte, ob ich etwas mehr Schmerzmittel bekommen dürfte. Da der Muttermund vier Zentimeter offen war, entschieden wir uns für die PDA (Rückenmarksnarkose zur Schmerzlinderung) und ich rief sicherheitshalber meinen Mann an. Er könne sich langsam auf den Weg machen. Kurz nach 2 Uhr war ich dann im Kreißsaal. Dort hatte ich drei sehr heftige Wehen. Als ich gerade in das Bett vom Kreißsaal wechseln wollte, machte es Platsch und mein Swimming-Pool entlud sich um 2:10 Uhr. Oh Mann, war ich froh, dass ich gerade nicht im Edeka oder bei mir Zuhause war. Ich hatte den Kreißsaal unter Wasser gesetzt. Meine Hebamme holte Decken und Tücher, um das Fruchtwassermassaker zu beseitigen. In diesem Moment bekam ich Wehen des Todes und ich schrie das ganze Krankenhaus zusammen. Wahrscheinlich hat man mich bestimmt bis zu mir nach Hause gehört. Plötzlich merkte ich, dass er kommt. Ich schrie nur noch: »Er kommt!« Meine Hebamme entsetzt: »Wie? Er kommt?« Ich warf mich auf den Rücken und begann zu pressen. In diesem Moment kamen meine Oberärztin und mein Mann herein.

Vier Presswehen später kam Emil um 2:21 Uhr auf die Welt. Zwanzig Minuten. Es war echt wie in einem Film, und wir sind in die Geschichtsbücher eingegangen. Er lebte und sah mich mit seinen großen Augen an. Für mich war und ist es der schönste Moment überhaupt. Wir haben die ganze Nacht gekuschelt und ich musste ihm von Gott und der Welt erzählen, weil er sofort meckerte, wenn meine Stimme verstummte. Es wirkte, als wenn er sich alles genau einprägen wollte.

Morgens bekamen wir Besuch von meinen liebsten Arbeitskollegen. Danach entließ man mich auf eigenen Wunsch um 9 Uhr morgens und wir fuhren direkt ins Kinderhospiz. Hier durfte die ganze Familie zusammen sein. Es kam auch eine total liebe Fotografin von »dein Sternenkind« und machte Fotos von uns. Das ist eine Organisation, die Fotografen vermittelt, welche dann kostenlos Bilder von verstorbenen oder dem Tode geweihten Kindern anfertigen und den Eltern zur Verfügung stellen. Nach Emils Diagnose bekam ich von allen Seiten den Link geschickt. Tatsächlich kannte ich aber »dein Sternenkind« schon lange. Sie blieb sogar so lange, bis alle aus unserer Familie da waren. Ich bin ihr so dankbar, dass sie so schnell kam und uns dieses wundervolle Geschenk gemacht hat. Denn hinterher merkt man erst, dass man eigentlich viel zu wenig Fotos hat.

Unser Sturkopf schenkte uns jedenfalls drei unglaublich schöne Tage. Wir haben in diesen drei Tagen mehr gelebt und geliebt als andere in 80 Jahren. Emil hat nur absolute Liebe und Geborgenheit kennenlernen dürfen und wurde nur auf dem Arm getragen. Voll das verwöhnte Baby. Ich pumpte sogar Muttermilch ab, damit er trotz Ösophagus-Atresie (fehlende Verbindung zwischen Speiseröhre und Magen) den Geschmack meiner Milch kennenlernen konnte. Allein sein Gesichtsausdruck dabei war das wert. Die Schwestern im Hospiz waren so unglaublich lieb und einfühlsam. Es hatte wirklich etwas Familiäres, und mir sind einige in den drei Tagen wirklich ans Herz gewachsen. Es war der perfekte Ort für uns.

Jonas blieb rund um die Uhr mit im Hospiz. Mein mittlerer Sohn wollte lieber zwischendurch nach Hause. Jeder durfte frei entscheiden. In der Nacht seiner Weiterreise lag Emil die ganze Nacht auf meiner Brust und es brannte, wie bei seiner Geburt auch, seine von uns selbst gebastelte Kerze. Eine Hospizschwester war die ganze Zeit bei uns. Wir hörten Musik auf dem Handy und redeten viel über Emil. Kuschelten mit ihm und sagten ihm, dass er ruhig weiterreisen dürfe. Er meckerte dann. Ich sagte ihm, dass ich es auch doof fände und ich ihn lieber bei mir behalten möchte. Dass wir aber keine andere Wahl haben und wir uns irgendwann wiedersehen werden.

Gegen 3 Uhr hörten seine Atmung und sein Herzschlag auf. Um 4 Uhr kam sein Bruder Jonas zu uns. Er legte seine Hand auf Emil, und was geschah? Mein Wunderkind fing an zu atmen, machte die Augen auf und sah seinen Bruder an. Die Gesichter der Hospizschwestern waren unbezahlbar. Er musste sich halt noch von seinem

Bruder verabschieden. Dafür brauchen wir im Krankenhaus keine Defibrillatoren mehr. Die Hand von meinem Großen reicht aus. Hand rauf und zack, Patient lebt wieder. Spart Strom und ist auch noch gut für die Umwelt. Wir kamen aus dem Lachen nicht mehr heraus. So hat Emil tatsächlich mich noch einmal herzhaft lachen gehört. Um 6 Uhr ist Emil im Beisein seines Bruders dann endgültig weitergereist. Das Erste und das Letzte, was mein Sturkopf in seinem Leben gehört hat, war mein Herzschlag. Er hatte auch einen superzufriedenen Gesichtsausdruck. Zusammen mit einer Hospizschwester badete ich Emil ein letztes Mal und zog ihm frische Sachen an. Wir machten Fotos, mit Farbe Fußabdrücke und ich knuddelte ganz viel mit ihm. Als das Kinderpalliativ-Team kam, um Emils Weiterreise zu bescheinigen, sagte die Schwester, dass sie sich Emil nicht in einem Sarg, sondern vielmehr in einem Weidenkorb vorstellen könne. Einige Stunden später kam der Bestatter tatsächlich mit einem Weidenkorb und ich musste erstmal lachen, als ich ihn sah. Zum Abschied standen alle Hospizmitarbeiter und andere Familien Spalier für Emil. Das hatte mich tief berührt.

Zwei Wochen nach Emils Weiterreise war ich mit meinem ältesten Sohn im Auto unterwegs. Wir redeten und er sagte zu mir: »Mama, ich muss dir danken. Ich habe es nicht gleich erkannt. Aber du hattest recht. Du hattest von Anfang an die Weitsicht zu wissen, was für unsere Familie richtig ist.« Na toll, sowas sagt er, wenn ich ihn nicht umarmen kann. Unnötig zu erwähnen, dass ich weinte wie ein kleines Kind, dem man den Lolli geklaut hat.

Mein Emil hat es jedenfalls geschafft, dass sowohl seine Geburt als auch seine Weiterreise ein superschönes und witziges Erlebnis für mich bleiben. Ich habe keine Ahnung, wie er das gemacht hat. Aber es war definitiv sein Dankeschön an mich. Dafür, dass ich auf ihn gehört habe und er seinen eigenen Weg gehen durfte. Emil hat in seinem kurzen Leben so viel erreichen können. Das hätte er als gesundes Baby alles nicht gekonnt. Ich bin unglaublich stolz darauf, seine

Mama zu sein. Auch, dass wir den Weg der Palliativgeburt gegangen sind. Und ich kann nur jede Mama dazu ermuntern, auch diesen Weg zu gehen. Selbst wenn so eine schreckliche Diagnose gestellt wird. Man hat keinen Grund zur Eile. Man muss sich auch nicht von den Ärzten zu irgendetwas überreden lassen. Man muss auch nicht die Schwangerschaft abbrechen. Nur man selbst als Mama hat das Recht, für sich und den kleinen Mitbewohner zu entscheiden. Und man sollte unbedingt den Weg gehen, der sich für einen selbst richtig anfühlt. Ärzte sind keine Götter in Weiß. Wenn man sich nicht wohlfühlt bei einem Arzt, darf man das ruhig sagen und den Arzt wechseln. Auch besteht schon in der Schwangerschaft ein Anspruch auf Trauerbegleitung. Keine Mama muss ohne Hilfe auskommen.

Es war nicht immer leicht, aber ich habe alles für Emil getan, was in meiner Macht stand. Ich habe drei wunderschöne Tage mit ihm gehabt. Das kann mir keiner mehr nehmen. Wenn mein »Emil-blues« überhandnimmt, gibt mir das sehr viel Trost. Auch für ihn zu basteln, zu backen oder sein Gedenkalbum »Leuchte hell kleiner Stern« zu gestalten, gibt mir viel Trost. In dem Album kann ich meine Gedanken und Gefühle niederschreiben und kreativ sein. Dabei fühle ich mich Emil besonders nah. Das Album bekam ich kurz nach der Diagnose geschenkt. Ich musste mich erst einmal in dieser neuen Welt ohne Emil zurechtfinden. Simon meinte, dass es gut sei, dass Emil jetzt ein Schutzengel ist. Sonst hätte er bei dem Formel-1-Unfall von Grosjean nicht helfen können. Damit hat er vollkommen Recht. Ich habe auch keine Angst mehr. Emil hat mir gezeigt, dass er alles richtig macht und sich alles fügen wird. Seine kleinen und großen Zeichen bringen mich immer wieder zum Lächeln und beweisen, dass er immer bei mir ist. Nur eben auf seine eigene Art und Weise.

Ein Jahr nach Emils Weiterreise bin ich wieder schwanger geworden. Vor dem ersten Organscreening war ich unglaublich nervös. Als ich mit meiner Familie besprach, was wir machen würden, wenn wieder Auffälligkeiten wären, sahen mich meine beiden Jungs völlig verständnislos an und der Älteste sagte: »Hä? Bist du blöd, Mama? Dann machen wir natürlich alles genauso wie bei Emil!«

Emil mit seinem Bruder Simon
© Jennifer von Klonczynski

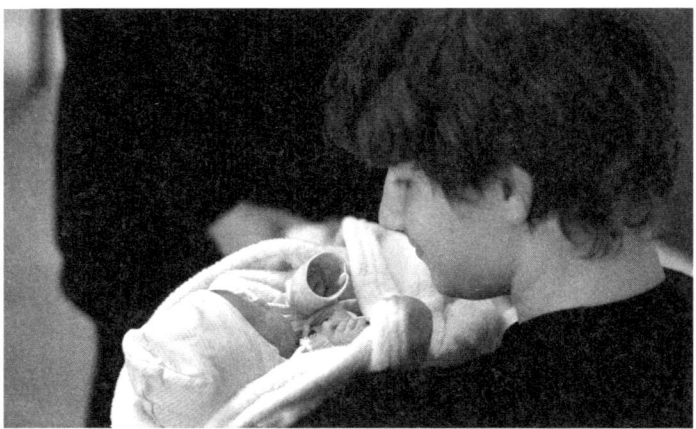

Emil mit seinem Bruder Jonas
© Jennifer von Klonczynski

# Manche Leute sagen oft, wir sind etwas Besonderes – eigentlich nicht, wir sind einfach wir

*Nicole Groß und Egzon Osmani, Konstantin Schrimpf, Marlon T.*

Im Rahmen der besonderen Belegungstage zum Thema »Erwachsen werden mit Behinderung« haben wir im Kinder- und Jugendhospiz Regenbogenland im März 2023 eine Gesprächsrunde über das Leben mit einer verkürzten Lebenserwartung geführt.

Die drei jungen erwachsenen Gäste Egzon Osmani, Konstantin Schrimpf und Marlon T., die alle durch ihre Erkrankung Experten in eigener Sache sind, schildern dabei als Co-Autoren ihre Einstellungen zu den Themen des lebenswerten Lebens, ihre persönliche Bedeutung des Kinder- und Jugendhospizes sowie auch ihre Wünsche an die Gesellschaft.

Nicole Groß, Heilpädagogin in o. g. Einrichtung, hat die Aussagen der Teilnehmenden der Gesprächsrunde verschriftlicht und immer wieder in Form von Direktzitaten verdeutlicht. Aus der fachlichen und auch selbst betroffenen Perspektive (Achondroplasie, Kleinwuchs) wird sie weitere unterschiedliche Betrachtungspunkte einbringen.

Die Gesprächsrunde, der alle beteiligten Personen zugestimmt haben, wird mit einer gezielten Fragestellung eröffnet.

## Lebenswertes Leben

Auf die Frage danach, was das Leben lebenswerter macht, äußern Egzon, Konstantin und Marlon zunächst, dass es ihnen schwerfalle, diese zu beantworten. Einige von ihnen betonen die Aspekte, dass ihre Familien bei ihnen im Vordergrund stünden und besonders wichtig für sie seien, wie auch ihre Freunde. Dabei schätzen sie am meisten, dass sie in der gemeinsamen Zeit glücklich seien und eine vertraute Beziehung hätten. Neue Situationen zu erleben, gemeinsam Erlebnisse zu teilen und auch das Verreisen zählen für sie zu den Dingen, die das Leben lebenswert machen.

»Was macht dein Leben lebenswert?« – eine sehr philosophisch formulierte Frage. Eine Frage, die darauf abzielt, zu verstehen und aus anderen Perspektiven zu betrachten. Eine Frage, die jede Person nur für sich individuell beantworten kann. Dennoch sollte die Formulierung dieser Frage mit Bedacht angegangen werden. Es sollte kritisch hinterfragt werden, wofür diese Informationen von Bedeutung sind. Steht dabei wirklich das reine Interesse an den bedeutungsvollen Momenten des Gegenübers im Fokus oder möchte ich (unterbewusst) bewerten, ob dieses Leben für mich lebenswert wäre? Eine Bewertung, die mir persönlich in den seltensten Fällen (abgesehen von psycho-medizinischen Betrachtungen) zusteht und als sehr grenzüberschreitend wahrgenommen werden kann.

## Die Bedeutung des Kinder- und Jugendhospizes

Schnell kommen die drei Co-Autoren, während sie sich über die Thematik des lebenswerten Lebens austauschen, auf das Kinder- und Jugendhospiz Regenbogenland, eine von vielen gemeinsamen Schnittstellen in ihrem Leben. Eigeninitiativ lag der Fokus der Gäste während eines Großteils des Gesprächs auf der für sie so besonderen Einrichtung. In der Aufzählung der Dinge, die ihr Leben für sie lebenswert machen, nennen sie die Begegnungen und Miteinander-Momente im Kinder- und Jugendhospiz Regenbogenland.

Zitierhinweis: Bei thematisch nicht relevanten Passagen wurden Auslassungen vorgenommen. Diese wurden durch […] gekennzeichnet und haben in keiner Weise den Inhalt der Aussage beein-flusst.

*»Das ist wie ein zweites zu Hause [...] fühle mich einfach pudelwohl.«*
*»Immer, wenn ich hier bin, das ist wie Urlaub, sage ich immer.«*

Sie schätzen im Regenbogenland das Verständnis zwischen ihnen, den Mitarbeitenden und anderen Gästen. Ohne ausschweifende Er-klärungen werden sie im Regenbogenland in ihren Bedürfnissen, aber auch Sorgen und Problemen angenommen. Ihre Pflege-bedürfnisse sind bereits jahrelang bekannt, sodass eine vertraute Basis geschaffen wurde und sie sich nicht immer wieder neu erklären müssen. So akzeptiert werden, wie sie sind, dies erleben sie nicht oft in der Gesellschaft. Die einzige Veränderung, die sie sich in Bezug auf das Kinder- und Jugendhospiz wünschen, ist die Aufklärung der Gesellschaft bezüglich der vielschichtigen Arbeitsweisen dieser Einrichtung, in der nicht nur die Themen Sterben, Tod und Trauer im Fokus stehen. Wenn sie im entfernteren Umfeld erzählen, dass sie zur Erholung ins Kinder- und Jugendhospiz gehen, werden sie überwiegend mit kritischen Fragen zu den Themen Sterben, Tod und Trauer konfrontiert und müssen dann immer wieder Kraft auf-bringen, um ihren temporären Aufenthalt im Hospiz zu erklären.

*»Genauso wie der Tod hierzu gehört, gehört auch das Leben auch dazu, und das steht ganz klar im Vordergrund und wir haben hier schon jede Menge Spaß zusammen.«*

Im nächsten Punkt werden die Co-Autoren verschiedene Perspek-tiven auf ihr Leben mit lebensverkürzender Erkrankung geben und kategorisieren dabei positive und negative Aspekte. Wichtig ist bei dieser Betrachtungsweise weiterhin, dass diese Einteilung lediglich von selbst betroffenen Personen durchgeführt werden sollte. Außenstehenden Personen stehen diese Bewertungen über andere Personen nicht zu, weil das Leben als Person mit Behinderung nicht ansatzweise nachvollzogen werden kann.

## Verschiedene Perspektiven des Lebens mit lebensverkürzender Erkrankung

Sie sehen an einem Leben mit ihrer eigenen Behinderung deutliche Vor- und Nachteile. Sie steigen in die Thematik mit einem Austausch über die Abhängigkeit von Personen, die sie pflegerisch versorgen, ein.

*Co-Autor 1: »Die dafür sorgen, dass ich [...], die mich anziehen, in den Rollstuhl setzen, mich waschen [...], aber dann gibt es auch so Tage, wo man das eigentlich gar nicht möchte, wo man eigentlich denkt, was soll die Scheiße.«*
*Co-Autor 2: »Ja«*
*Co-Autor 1: »Wir wissen, dass wir das brauchen, und ohne unsere Mitmenschen würde es nicht klappen, aber es gibt halt auch Tage, wo wir denken, das muss jetzt nicht sein.«*
*Co-Autor 2: »Dann denkt man halt, ich würde lieber alles selbstständig können.«*
*Co-Autor 3: »Man ist schnell genervt davon, finde ich. [...] und manchmal weiß man auch nicht die, wann man [...] duschen gehen will, also ich z. B. gehe lieber sehr spontan duschen, als es zu takten.«*

In dieser Gesprächssequenz wird deutlich, dass die Co-Autoren von ihrer Abhängigkeit anderen Personen gegenüber teilweise genervt sind und sich gerade in diesem Bezug auch einerseits mehr Selbstbestimmung wünschen, um ihren individuellen Tagesablauf eigenständig bestimmen zu können und ihn nicht auf den Tagesablauf der Pflegeperson abstimmen zu müssen. Andererseits wird auch der Wunsch nach mehr selbstständigen Möglichkeiten deutlich. Es wird zudem ersichtlich, dass die Empfindungen in Bezug auf ihre Abhängigkeit gegenüber der pflegenden Person deutlich durch die Tagesform der Co-Autoren bestimmt wird.

Das folgende Zitat zeigt jedoch auch, dass die Co-Autoren dankbar für die Menschen in ihrem Umfeld sind, die für ihre alltäglichen Bedürfnisse und Themen einstehen und sie in ihrem Leben begleiten.

*»Gut ist aber, dass ich immer Menschen um mich rum habe, die mich halt versorgen, die sich um mich kümmern.«*

Positiv sehen sie, dass sie aufgrund ihres Lebens mit einer lebensverkürzenden Erkrankung dieses mehr schätzen.

*»Ich finde, was Positives ist nicht so einfach [Pause], ich finde, man schätzt das Leben mehr.«*

Ein Co-Autor sieht seine Erkrankung als Schicksal.

*»Ich persönlich sehe ja das Ganze als Schicksal an, dass ich im Rollstuhl sitze, hat einen bestimmten Grund. Ich kenne ihn nicht, aber ich werde ihn schon erfahren irgendwann.«*

Dieser Co-Autor findet mit dieser Aussage für sich eine philosophische Antwort auf die Frage nach dem lebenswerten Leben. Es wird deutlich, dass er eine Begründung darin sieht, dass er mit seiner Behinderung lebt.

Des Weiteren benennen die Co-Autoren, dass sie aufgrund ihrer Erkrankung Situationen erleben und Menschen begegnet sind, die sie ohne diese nicht erlebt hätten, bzw. ihnen nicht begegnet wären. Dabei wird als Beispiel der Kontakt zum Kinder- und Jugendhospiz mit allen Facetten (die Gespräche mit Mitarbeitenden, die Entlastung für die gesamte Familie sowie auch der Kontakt zu anderen Betroffenen) deutlich.

*»Manchmal, wenn ich nicht im Rollstuhl sitzen würde, hätte ich gewisse Dinge nicht gekannt oder hätte ich nicht machen können.«*

Aus einer humorvollen Perspektive benennen sie den Vorteil, als sog. »Nachteilsausgleich« die Möglichkeit zu haben, den öffentlichen Personennahverkehr kostenlos nutzen zu können und den Komfort, immer einen Sitzplatz dabei zu haben.

Einen für sich passenden Abschluss dieser Thematik findet einer der Autoren mit folgenden Worten:

*»Gewisse Dinge sind okay, gewisse Dinge sind vielleicht auch gut. Gewisse Dinge laufen halt einfach sch…, und das ist aber auch bei laufenden Menschen so.«*

Aus der Perspektive einer kleinwüchsigen Person mit anerkannter erheblicher Gehbehinderung sehe ich, dass das Leben mit einer Behinderung aus verschiedenen Sichtweisen betrachtet werden kann. Wenn ich mich mit nicht betroffenen Personen bzgl. des Nachteilsausgleichs »5 Tage mehr Urlaub« unterhalte, nehme ich oft Reaktionen wie z. B. »Wow, hast du es gut« oder »Das hätte ich auch gerne« wahr. Wenn ich jedoch auf die letzten zwölf Monate zurückblicke, sehe ich, dass ich diesen »mehr Urlaub« überwiegend auf Selbsthilfetreffen oder Terminen bei Fachärzt:innen verbracht habe. Diese Termine nehme ich wahr, um mich mit meiner Behinderung auseinanderzusetzen, auf mögliche Risiken vorzubereiten und mit gleichgesinnten Personen über das Leben auszutauschen. Diese Termine werden von den Personen, die mir sagen »Wow, hast du es gut«, auf der emotionalen sowie auch auf der zeitlichen Ebene nicht wahrgenommen. In verschiedenen Einrichtungen des öffentlichen Lebens (Theater,

Kino, Schwimmbäder etc.) zahlen Personen mit anerkannten Schwerbehinderungen oft einen ermäßigten Eintritt. Auch dieses wirkt im ersten Moment »schön«. Jedoch kann ich auch dies in Relation setzen und sehe, dass meine jährlichen Ausgaben, die ich aufgrund meiner Behinderung tätige, deutlich höher sind, als ich Ermäßigungen bekomme. Als Beispiele möchte ich die Mitfinanzierung von Hilfsmitteln oder auch das Einkaufen von Kleidung erwähnen, denn die Modewelt ist noch sehr weit von inklusiver Mode entfernt.

Ich sehe auch, dass ich aufgrund meiner Behinderung viele wertvolle Erfahrungen sammeln durfte. Ich habe Personen kennengelernt, die ich im Leben ohne Behinderung vermutlich nie kennengelernt hätte, die mein Leben nun sehr bereichern. Ich gehe mit Charaktereigenschaften durch das Leben, bei denen ich mir sicher bin, dass ich sie aufgrund des Lebens mit Behinderung habe.

Ob positiv, negativ oder im Gleichgewicht – es ist anders. Anders als das Leben ohne Behinderung.

So unterschiedlich, wie die Einstellungen zum Thema Leben mit Behinderung sind, so unterschiedlich sind diese auch bezüglich des »Miteinander Kommunizierens«.

## Austausch über eigene Erkrankung

Die drei Co-Autoren machten ihre unterschiedlichen Standpunkte darüber, mit wem sie über ihre Erkrankung sprechen, deutlich. Auch vor dem Hintergrund der Aufklärung in Bezug auf Kinder wünscht sich einer der Co-Autoren, dass Eltern den Kindern die Möglichkeit zum Nachfragen geben, anstatt diese vor ihm wegzuziehen. In seinen Augen entstehen so Vorurteile.

*»Ich bin da eher so ein bisschen offen, ich spreche da doch manchmal [...] es ist halt nicht für jeden so einfach, das eben zu machen, also ich bin da, wenn mich jemand fragt, dann antworte ich meistens auch darauf.«*

Ein anderer Standpunkt macht deutlich, dass die eigene Erkrankung ein sensibles Thema ist, bei dem nicht gewollt ist, dies in der Öffentlichkeit, sondern lediglich im geschützten Rahmen zu besprechen. In dieser Thematik hat die Vertrauensbasis eine besonders hohe Bedeutung. Einig sind sich alle, dass sie mit ihren Vertrauenspersonen und Personen im Kinder- und Jugendhospiz über ihre Erkrankung sprechen können. Ein wichtiger Aspekt ist dabei auch, dass Gespräche über die Erkrankung mit den Eltern gemieden werden, um diese zu schützen, weil die Sorge vor ihrer weiteren Belastung hoch ist.

Besonders unverkennbar ist jedoch auch, dass das Bedürfnis, über ihre Erkrankung zu sprechen, gemildert ist. Die Gruppe macht klar, dass diese Gespräche hilfreich, jedoch auch für sie selber belastend sein können und sie sich demzufolge auch keinen weiteren externen Gesprächsraum dafür wünschen.

*»Ich würde sagen, dass zieht auch einen [...] auf eine gewisse Art und Weise so runter [...] Nee, uns auch selber, wenn ich jetzt ständig darüber reden würde, wie mein Leben im Rollstuhl ist [...] und dass alles nicht so einfach ist, das würde mir Kopfschmerzen machen.«*

## Wünsche an die Gesellschaft

Als die drei Co-Autoren ihre Wünsche an die Gesellschaft formuliert haben, hatte jeder von ihnen sofort eine klare Meinung und konnte gleich mehrere Situationen benennen, in denen er sich als Mensch mit Erkrankung eine deutliche Veränderung wünschte.

Zuerst genannt und von allen verstanden wurde die Thematik des Respekts der Gesellschaft im Umgang mit Menschen mit Behinderung. Die Co-Autoren nennen Beispiele, in denen sie von unbekannten Menschen geduzt werden, und empfinden diese Verkindlichung als unhöflich und respektlos. Hier wünschen sie sich, gleichberechtigt, wie der Rest der Gesellschaft, ebenfalls gesiezt und damit auf Augenhöhe gesehen zu werden. Deutlich konnte einer der Co-Autoren dieses Erleben anhand eines Beispiels machen:

*»Als ich Läufer war [...] da war das ja wollen SIE vor, wollen SIE dies und jenes [...] seit ich im Rollstuhl sitze, hat sich das komplett geändert.«*

Dem vorherigen Punkt anschließend formulieren sie, dass sie sich die gleichberechtigte Wahrnehmung und Teilhabe in der Gesellschaft, aber auch von ihrem Umfeld ausgehend, wünschen. Dabei möchten sie nicht bevorzugt werden, ganz gleich welche Situation es betrifft. Es gibt Situationen, in denen sie sich über Bevorzugung freuen, benennen aber deutlich, dass sie im Alltag gleichberechtigt behandelt werden möchten.

*»In manchen Dingen ganz praktisch (ein Co-Autor lacht), aber wenn man so von seinem Umfeld dann bevorzugt wird, ist auch immer ein bisschen nervig so [...] hier setz dich mal zuerst dahin und dies – willst du zuerst was essen, ist halt ein bisschen nervig so, nee, ich kann auch warten wie jeder normale Mensch.«*

Ein weiterer Punkt, anhand dessen die Co-Autoren von der Gesellschaft das Gefühl vermittelt bekommen, von der Ideal-Norm abzuweichen und nicht Teil der Gesellschaft zu sein, sind deren Reaktionen. Häufig werden die Co-Autoren in der Öffentlichkeit angestarrt und andere Menschen bleiben stehen, um ihre Handlungen zu beobachten.

*»Ich würde mir wünschen, dass die Menschen aufhören so blöd zu gucken und dass man aufhört, äh, über mich zu reden so.«*
*»Ich hab' manchmal das Gefühl, dass Rollstuhlfahrer so als Außerirdische oder so, als wären wir so Aliens [wahrgenommen werden].«*

Das Streben nach einer Normalität bzgl. der Anerkennung in der Gesellschaft machen die Co-Autoren anhand vieler verschiedener Aussagen deutlich. Von der Gesellschaft fallen im Kontext von Behinderung häufig Begriffe wie »besonders«, »speziell« oder »besondere Bedürfnisse«. Ihre Einstellung diesbezüglich wird anhand folgender Aussage deutlich:

*»Manche Leute sagen oft, wir sind etwas Besonderes – eigentlich nicht [...] wir sind einfach wir.«*

Ein großer Wunsch liegt im Bereich der Hilfsbereitschaft. Oft erleben die Co-Autoren Situationen, in denen andere Menschen ihre eigene Hilfsbereitschaft nicht an die Bedürfnisse der Co-Autoren anpassen. Dadurch entstehen Situationen, die von den Betroffenen als übergriffig und zu wenig Vertrauen in ihre Selbstständigkeit gewertet werden. Diese Situationen entstehen häufig, wenn Menschen ein starkes Bedürfnis haben, anderen zu helfen, und dabei die Grenzen der betroffenen Person nicht wahren können und grenzüberschreitend agieren. Die schnellere Durchführung mancher Hilfestellung, wenn das Gegenüber diese durchführt, kann ebenfalls ein Gefühl von »Meine Fähigkeiten reichen nicht aus« vermitteln. In diesem Punkt wünschen sich die Gäste, dass ihnen dann geholfen wird, wenn sie der Unterstützung deutlich zustimmen bzw. diese erfragen. Bewusst ist den Co-Autoren, dass auf der Seite der helfenden Personen keine negative Absicht besteht. Dennoch löst dies viele negative Gefühle bei ihnen aus. Im folgenden Beispiel führte das Verhalten des Gegenübers zu einer Reaktion, die aufgrund des Widerstandes entstanden ist.

*»Auf meinem Regal steht 'n Glas Wasser und ich habe aber die Möglichkeit, mir das selber zu nehmen, dann möchte ich das auch selber machen. Es ist zwar nett, dass du mir helfen willst, aber frag vorher oder*

*warte, bis ich es dir sage. […] ich hab' das Gefühl manchmal, dass Leute
sind zu hilfsbereit und ja denken dann vielleicht, ah, der Arme, der
kann das doch sowieso nicht, ich helfe dem mal schnell.«*

*»Ich war in der Stadt unterwegs, dann wollte ich essen gehen. […]
Dann wurde gesagt, komm doch lieber nach Hause, wer hilft dir beim
Trinken […]. Letztendlich, das war halt so von wegen: Ach, du schaffst
das doch sowieso nicht. […] Jetzt mache ich es erst recht und dann habe
ich es gemacht.«*

Im Alltag werden die Co-Autoren häufig unterschätzt oder ihnen
werden Fähigkeiten abgesprochen. Oft wird in den Köpfen der Gesellschaft eine körperliche Behinderung mit einer sog. geistigen Behinderung gleichgesetzt, sodass ihnen Kompetenzen abgesprochen
werden. Dies merken sie in Begegnungen mit Menschen, aber auch
im gesellschaftlichen System Schule und auf dem Arbeitsmarkt.

*»Dass wir eigentlich schlau im Kopf sind, dass wir gar nicht so direkt
in eine Förderschule gesteckt werden oder Werkstätte, wo manche eben
[…] was Besseres könnten.«*

Ein großes Anliegen ist ihnen, dass die Aufklärung über die Kin-
der- und Jugendhospizarbeit vorangetrieben wird, damit einerseits
mehr Familien von erkrankten Kindern ihr Netzwerk ausbauen und
Entlastungsmöglichkeiten kennenlernen können. Andererseits wünschen sie sich, dass in der Gesellschaft das Kinder- und Jugendhospiz
nicht nur im Kontext der Themen Sterben, Tod und Trauer, sondern
auch der gemeinsamen Miteinander-Momente, der Entlastung für
die Familien und der vertrauten Atmosphäre gesehen wird.

*»Dass halt Leute auch mal vielleicht, dass halt mehr Leute für Kin-
der- und Jugendhospize aufmerksam werden, also auch Eltern von der
Entlastung wissen. Ich kenne viel zu viele, die sagen, die sterben ja alle*

*nur, ist ja nicht so, deswegen trauen sich ganz viele auch gar nicht erst hierhin.«*

Mit wenigen Worten haben die Co-Autoren ihre Wünsche zusammengefasst:

*»Dass sie uns einfach so akzeptieren, wie wir sind, und nicht nur, weil wir im Rollstuhl sitzen und Leute uns auch ausgrenzen oder sowas.«*
*»Ja, dass wir halt auch normal zur Bevölkerung gehören und nicht so als so außerhalb.«*

In Anbetracht der gesellschaftlichen Reaktionen auf Menschen mit Behinderung ist es mir als Autorin wichtig, Ihnen, liebe Leser:innen, Folgendes mitzugeben:

Menschen mit Behinderung müssen als gleichberechtigter Teil der Gesellschaft wahrgenommen werden. Sie möchten ihre individuellen Möglichkeiten im Rahmen eines selbstbestimmten Lebens ausschöpfen. Dabei macht es keinen Unterschied, ob es »scheinbare Kleinigkeiten«, wie z. B. die Form der Tasse, aus der sie trinken, das Paar Socken, das angezogen wird, oder ob es vermeintlich größere Aspekte, wie etwa die Wohnform, in der sie leben, und mit wem sie leben, betrifft.

Durch ungefragtes Fotografieren oder in der Öffentlichkeit stehen bleiben, um mit geöffnetem Mund Menschen mit Behinderung anzustarren, bekommen diese, wie oben bereits genannt, das Gefühl, von der Gesellschaft ausgegrenzt zu sein.

Das scheinbare Anerkennen einer Leistung, die »trotz« der Behinderung erbracht wurde (z. B. »Schön, dass du trotz deiner Behinderung auf ein Konzert gehst«), impliziert, dass die Behinderung als eine so gravierend negative Eigenschaft gesehen wird, dass eine Teilhabe am Leben in der Öffentlichkeit unmöglich scheint. Damit gibt die aussprechende Person, die vermeintlich ein Kompliment erteilen möchte, ihre Abwertung des Lebens mit einer Behinderung preis.

Meine abschließenden Worte, die aus Forderungen der Aktivist:innenszene der Menschen mit Behinderung stammen: Nicht ohne uns über uns.

Abschließend möchten die Co-Autoren Ihnen als Leser:innen dieses Artikels auch etwas mit auf den Weg geben:

*»Ihr seid einfach, wie ihr seid, das ist gut so, und am besten bleibt ihr auch, wie ihr seid.«*

# Mitten im Leben

*Alexander Schrimpf*

In einem Hospiz wird gestorben. Das ist nun einmal so!

Nein, das ist sicherlich kein sehr positiver Einstieg in einen Text und es ist fraglich, ob man so zum Lesen animiert. Aber vielleicht ist es ja auch ganz sinnvoll, das Traurige, das leider Unvermeidbare vorwegzuschicken, dann gestaltet sich der Rest, das verspreche ich schon jetzt vorab, doch wesentlich positiver. Denn mein Ziel ist es, am Beispiel unseres Sohnes deutlich zu machen, welche Kinder, Jugendlichen und jungen Erwachsenen von der Idee, dem Konzept und der praktischen Arbeit des Kinder- und Jugendhospizes wie zum Beispiel dem Regenbogenland Düsseldorf profitieren. Konstantin, unser Sohn, steht hier nur stellvertretend für viele Kinder und Jugendliche, alle mit ganz individuellen Schicksalen. Ich möchte den Lesern anhand von Konstantin und mit seinem vollen Einverständnis zeigen, dass der unvermeidbare Tod nur einen Teil der Realität der Gäste des Regenbogenlandes ausmacht.

Beginnen wir also mit dem angekündigten Positiven:

Ich habe das große Privileg, das Mitglied einer glücklichen Familie sein zu dürfen. Das klingt jetzt schrecklich nach Vorabendserie, entspricht aber nun einmal der Realität. Nein, keine Angst, auch ich weiß, dass dieses »Glück« eine sehr ungenaue Beschreibung ist, aber damit meine ich schlicht einige Attribute im Leben, die in ihrer Kombination das Leben einfacher und schöner machen. Beim Schreiben dieser Zeilen bin ich mir dieser Attribute auch erst wieder bewusst geworden. Kurzgefasst: Meine Frau Ilka und ich führen (ich habe gefragt!) eine glückliche Ehe, dessen sind wir uns sicher. Wir haben mit unserer Tochter Helena (23) und unserem Sohn Konstantin (20) zwei tolle Kinder (auch hier sind wir uns sicher). Konstantin wird im Rahmen dieses Textes eine besondere Rolle einnehmen, denn schließlich ist er der Grund dafür, dass dieser Text überhaupt entstanden ist. Konstantin hat Muskeldystrophie Duchenne, und das ist, und hier zitiere ich ihn gerne, »eine Scheißkrankheit«. Aber ich wollte ja zunächst positiv bleiben.

Wir haben einen großartigen und stabilen Familien- und Freundeskreis, Berufe, die uns ausfüllen, die wir gerne ausüben und die uns finanziell absichern. Ich wollte an dieser Stelle zunächst den Hund unterschlagen, weil es sonst einfach zu klischeehaft wird, aber das wäre unfair, denn er ist eindeutig ein wichtiger Teil der Familie. Also insgesamt passt es einfach, und wenn man ehrlich zu sich selbst ist, könnte man sagen, dass wir insgesamt privilegiert sind. Das ist ein Wort, dass häufig in negativem Kontext verwendet wird, aber wir empfinden es zumindest teilweise so. Entscheidend an diesem letzten Satz ist das kleine Wort »teilweise«, das sich aus dem weiteren Text noch erschließen wird.

Wenn Sie, liebe Leser, die vorhergehenden Zeilen aufmerksam gelesen haben, stellen Sie sich zu Recht die Frage, worauf ich eigentlich hinauswill und warum ich vorab das obenstehende, doch weitgehend normale, Familienbild skizziert habe. Das hängt damit zusammen, dass im Folgenden, der Hauptperson Konstantin geschuldet, eben auch von Dingen zu sprechen sein wird, bei denen man leicht dazu neigt, sich in einer Art Negativstimmung zu verlieren, und gerade deshalb ist es wichtig, obiges vorauszuschicken.

Nun wird es konkret. Im August 2003 wurde unser Sohn Konstantin geboren. Wir wussten bereits, dass wir einen Sohn bekommen würden, und freuten uns. Wir hätten uns über ein weiteres Mädchen allerdings genauso sehr gefreut, weil wir, bis zum heutigen Tag, mit unserer Tochter Helena mehr als zufrieden sein können. Uns gefiel aber einfach die Kombination Mädchen-Junge, warum auch immer.

Als Konstantin zur Welt kam, war er sehr groß, sehr schwer, sehr hungrig und, in dem Kontext, sehr laut. Aber auch das ist nicht unbedingt ungewöhnlich. Im Rückblick ist es eine Ironie des Schicksals, aber viele Freund:innen strengten bezüglich unseres Sohnes Überlegungen an, welche Sportart er eines Tages ausüben würde bzw. welche Position er auf dem Handballfeld (meine Frau und ich spielten beide Handball) dereinst übernehmen würde. Für uns, als Eltern, war einfach nur schön, dass wir zwei gesunde Kinder hatten und unser Familienleben sich so entwickelte, wie wir es uns gewünscht hatten.

Ich kann nicht mehr genau sagen, wann uns erste Zweifel beschlichen, dass bei Konstantin vielleicht irgendetwas anders sei, dass irgendetwas nicht stimmt. Ich muss auch zugeben, dass nicht ich es war, der es zunächst bemerkte, sondern meine Frau. Alles lief irgendwie langsamer ab, man könnte sagen, es lief irgendwie »unrund«. Festzumachen war dies zunächst an Konstantins Bewegungsabläufen. Es fällt mir schwer, es genau zu beschreiben. Die gesamte Motorik, aber auch für uns selbstverständliche Entwicklungsschritte wie das Sauberwerden und Sprechen erfolgten zeitverzögert, irgendwie für uns »anders«. Wirkliche Sorgen machten wir uns in den ersten Jahren nicht. »Helena ist ja auch spät gelaufen …«, »Jungs sind immer mit der Entwicklung später dran …«, »Er lässt sich halt Zeit …«. Hier nur ein Ausschnitt von Erfahrungswerten, die uns zeigten, dass alles ganz normal war. Auch die obligatorischen Arztbesuche und »U-Untersuchungen« sagten uns, dass alles im »Grünen Bereich« sei. Wenn etwas wirklich störte, dann Konstantins nachhaltiges und extrem lautes Schnarchen. Gerade im Urlaub war seine Schwester dann, ob des gemeinsamen Schlafraumes, das »Hauptopfer«. Man konnte Konstantin wirklich durch Wände hören. Die Ursache hierfür, seine Polypen, sollten schließlich entfernt und in seine Ohren »Paukenröhrchen« eingesetzt werden. Damals wie heute reine Routine. Konstantin war zu diesem Zeitpunkt vier Jahre alt.

Soweit ich mich erinnern kann, setzte die große Zäsur in unserem Leben im Rahmen einer Voruntersuchung für den geplanten kleinen chirurgischen Eingriff ein. Der erfahrene Kinderarzt stellte einen deutlich erhöhten Leberwert (CK-Wert) bei Konstantin fest und empfahl eine sofortige Abklärung in der Universitätsklinik Düsseldorf. Auf unsere Nachfrage hin, was das denn bedeuten könne, konnte er uns keine Antwort geben, vielleicht wollte er es zu diesem frühen Zeitpunkt auch nicht. Wir sollten es halt abklären lassen.

Das alles hört sich jetzt in der Tat wenig spektakulär an, aber es war der Schlüsselmoment, ab dem vieles ganz anders wurde. Was man heute (und damals auch schon) macht, ist immer gleich. Man googelt sich durch. Und das tut man sofort. Und auf einmal steht da ein Wort: »Muskelschwäche«! Man googelt sich durch unterschiedliche Formen von Muskelerkrankungen. »Typ Becker«, »Typ Duchenne«. Da tauchen Symptome auf und vor allem Folgen. Man liest Begriffe wie »deutlich reduzierte Lebenserwartung«, »letal«, »unheilbar«, »keine ursächliche Behandlungsmöglichkeit« und mit alledem hatte ich auf einmal Gefühle, die ich in der Intensität noch nicht kannte, absolute Hilflosigkeit und Angst.

Was einem zunächst bleibt, ist die Selbstberuhigung: »Es kann ja auch etwas ganz anderes sein«, »Er ist doch absolut gesund«, »Kein Arzt hat bis jetzt irgendetwas angedeutet«, »Wir steigern uns da unnötig in etwas hinein«, »Warten wir doch die Untersuchungen erst einmal ab«.

In der Uniklinik war es dann ein junger Mann, der mehrfach betonte, er sei ja noch gar kein fertiger Arzt und außerdem sei es ja alles nur ein Verdacht und er könne und dürfe ja eigentlich diesbezüglich nichts Präzises sagen usw., usw. Der junge Mann teilte uns mit, er müsse die Auffälligkeiten bei dem CK-Wert bestätigen, der sei deutlich zu hoch und wir sollten das unbedingt, wie auch vom Kinderarzt empfohlen, in der Universitätsklinik Essen überprüfen lassen, dort habe man sich weiter spezialisiert, es könne auf eine Muskelproblematik hinweisen, aber vielleicht auch etwas ganz Harmloses sein.

Ich gebe offen zu, in unserer Beziehung ist meine Frau die Ratio und ich bin der Verdränger. Ich weiß noch, dass sie mit erschreckender Klarheit einem großen Problem entgegensah und sich bereits im Rahmen der Möglichkeiten auf eine neue Realität vorbereitete, während ich alles erst einmal vor mir herschob.

Letztlich erreichte dann mich nach ca. einem halben Jahr der Anruf der behandelnden Ärztin aus Essen, die einen Termin anbot, um uns das Ergebnis mitzuteilen. Ich aber wollte keinen Termin, ich wollte das Ergebnis: »Ihr Sohn hat Muskeldystrophie Duchenne!«

Was ich von diesem Moment noch weiß, ist meine Gegenfrage: »Wie soll ich das meiner Frau sagen?« Ob ich darauf eine Antwort bekommen habe, weiß ich nicht mehr. Es spielte aber auch keine Rolle, denn Ilka hatte es viel klarer gesehen als ich. Im Prinzip wusste sie es schon. Trotzdem war es unendlich schwer, es einfach auszusprechen.

Wenn man darüber schreibt, wird einem auf einmal bewusst, wie viel Zeit vergangen ist, und man fragt sich, wieso man viele Sachen einfach vergessen oder verdrängt hat. Man fragt sich auch, wieso man sich nicht mehr an Gefühle, Situationen und Reaktionen aus dieser Zeit erinnern kann, wenn es sich doch um einen so einschneidenden Punkt im Leben handelt. Ich habe dafür schlicht keine Erklärung, vielleicht eine Art Schutzmechanismus. Bei meiner Frau ist dies übrigens völlig anders. Das Gefühl des tiefen Schocks ist ihr noch absolut präsent.

Im Sinne des Lesers ist es hier angebracht, den Zeitraffer zu benutzen, um die folgenden Entwicklungen nicht unangebracht zu dramatisieren.

In meiner Erinnerung ist es zunächst eine Art »Chaosphase« gewesen. Ein extremes Auf und Ab der Gefühle. Eine Phase der Extrembelastung. Es ist die Masse der Fragen, die wir uns selbst stellten, an die ich mich erinnere. Wie wollen wir mit der Krankheit von Konstantin umgehen? Wie wollen wir mit ihm umgehen? Wie erklären wir alles unserer Tochter? Wen wollen wir wie und wann in unsere Situation einbinden? Familie und Freund:innen, Kolleg:innen, Arbeitgeber? Dabei wussten wir zu diesem Zeitpunkt nicht einmal selber genau, was es für uns als Eltern bedeutet. Ich erinnere mich an eine Zeit der Unsicherheit, Hilflosigkeit, der Trauer, der Wut – ja, manchmal auch des Streits. Erschwerend hinzu kam die hohe Zahl der Arztbesuche, der folgenden Untersuchungen, der Suche nach weiteren Betroffenen der sehr seltenen und zum damaligen Zeitpunkt noch wenig erforschten Krankheit meines Sohnes.

An was ich mich noch sehr genau erinnere, ist der Zuspruch und die Anteilnahme, die wir von Beginn an nach der Diagnose und auch weiterhin von allen Seiten erhielten. Das basierte auf der Tatsache, dass wir uns gemeinsam entschlossen hatten, mit der Krankheit unseres Sohnes offen umzugehen. Wir haben es immer offen kommuniziert, wir haben es nie versteckt, nie kleingeredet oder verharmlost. Ich weiß nicht mehr, gegenüber wem, abgesehen von Familie und engen Freunden, ich zum ersten Mal den Satz »Wir haben ein Kind mit einer schweren Behinderung« gesagt habe, aber ich erinnere mich noch sehr genau an das unwirkliche, bedrohliche Gefühl, es auszusprechen. Damals war ich mir zunächst unsicher, ob unser Weg der richtige Weg sei. Durch die Diagnose veränderte sich schließlich nichts am Zustand von Konstantin. Den meisten Menschen erschien er zu diesem Zeitpunkt schlichtweg noch kerngesund.

Muskeldystrophie Duchenne ist eine fortschreitende Erkrankung, die bei den Betroffenen bis zu einem gewissen Punkt sehr individuelle Verläufe nehmen kann, und auf den ersten Blick war bei unserem Sohn davon noch nichts zu erkennen. Natürlich änderte sich dies im Laufe der Jahre fundamental, aber zunächst erschien es selbst mir geradezu unwirklich, wenn ich meinen Sohn ansah, dass er an einer unheilbaren und letalen Krankheit leiden sollte. Gerade diese Tatsache war psychisch sehr belastend. In diesem Zusammenhang bin ich heute fest davon überzeugt, dass der Weg, mit der Erkrankung von Konstantin von Beginn an offen umzugehen, für uns der richtige Weg war. Uns hat dieser Weg, davon bin ich überzeugt, viel Zuspruch, Unterstützung, Mitgefühl und ab einem gewissen Punkt auch Sicherheit gebracht. Allein das bloße Zuhören von Familie, Freunden und Bekannten konnte in bestimmten Situationen etwas sein, was man dringend brauchte. Dabei ist es mir in diesem Kontext wichtig zu betonen, dass in dieser Situation betroffene Familien ihren Weg finden müssen, da gibt es keinen »Königsweg«.

Natürlich hatten wir in diesem frühen Stadium zunächst unsere Eltern informiert. Dann aber auch und so »kindgerecht« wie möglich unsere Tochter Helena. Helena war ihrem Bruder eigentlich vom ersten Tag an eine phantastische große Schwester. Natürlich fiel ihre Reaktion emotional aus, aber viel weniger, als ich es erwartet hatte. Ich weiß nicht warum, aber ich empfand ihre Reaktion damals wie ein für eine Siebenjährige eigentlich viel zu erwachsenes »Dann ist das halt so!«. Dabei ist es erstaunlicherweise immer geblieben. Helena ist mit der besonderen Situation ihres Bruders, auch als die Krankheit richtig ausbrach, sich kontinuierlich verschlimmerte, den Alltag, Urlaube und eigentlich alles in irgendeiner Form beeinflusste, mit einer Selbstverständlichkeit, Empathie und Zugewandtheit umgegangen, die man nur als ganz besonders bezeichnen kann. Natürlich veränderte sich ihre Rolle im Zuge ihres Heranwachsens und Erwachsenwerdens, betraf neue Bereiche und andere Kommunikationsformen, aber bis heute ist sie in allen Belangen die große Schwester, eine Institution, ein Anker. Sie darf und macht Sachen, die wir als Eltern nicht machen dürfen und vielleicht auch gar nicht sehen. Sie ist Beraterin und Korrektiv, von der Mode bis zum Umgang mit Medien und Mädchen. Wenn es sie nicht gäbe, müssten wir sie erfinden, denn sie ist für Konstantin von unendlicher Wichtigkeit und ein zentraler Fixpunkt seines Lebens.

Umso mehr, als sie bereits seit einigen Jahren mit ihrem Freund und Lebenspartner Luca jemanden in die Familie brachte, dem es in kürzester Zeit gelang, zu Konstantin einen sehr engen und besonderen Kontakt aufzubauen. Er deckt dann quasi die Bereiche ab, bei denen Konstantin seiner großen Schwester nicht glaubt oder nicht zuhört oder beides nicht will. Auch er darf Dinge, die sonst kein anderer darf. Konstantin vertraut ihm vollständig, und das ist wichtig, denn ob seiner Behinderung sind die Kontakte zu jungen Menschen ohne Handicap naturgemäß beschränkt.

Von Beginn an haben Ilka und ich uns gefragt, ob wir Helena nicht überfordern, wir haben uns gefragt, ob sie nicht in dieser besonderen familiären Situation zu kurz kommt, vielleicht verzichten muss. Es hat uns große Sorgen bereitet. Schon lange kann man mit ihr darüber reflektiert sprechen. Sie verneint das und gibt uns auf ihre eigene Art auch keinen wirklichen Spielraum für weitere Fragen oder Diskussionen. Sie und ihr Freund sind nicht nur für Konstantin etwas ganz Besonderes, sondern auch für meine Frau und mich. Sicherlich auch einer der Gründe, warum ich uns eingangs als auf spezielle Art »privilegiert« bezeichnet habe.

Auch mit Konstantin haben wir einen Weg gefunden, ihm seine Krankheit zu erklären. Das war schwer, manchmal sehr schwer, aber nicht, weil er es uns schwer gemacht hätte, sondern einfach, weil wir uns bei jeder Erklärung ihm gegenüber unserer eigenen Hilflosigkeit bewusst waren, die nun einmal Teil einer unheilbaren Krankheit ist. Konstantin selber machte und macht es uns leicht. Fast schon unheimlich leicht. Warum? Die Erklärung dafür ist sehr kurz und kann von seinem gesamten Umfeld bestätigt werden: Weil Konstantin ein durch und durch positiv denkender, offener, dem Leben zugewandter und fröhlicher Mensch ist. Das ist nicht selbstverständlich und wundert uns als Eltern und Familie auch immer wieder. Seit nun mehr als 15 Jahren lebt er mit Einschränkungen, mit Behandlungen, Operationen, Klinikaufenthalten, einer unaufhaltsamen Verschlechterung. Er lebt damit, dass er zur Fortbewegung auf einen großen E-Rollstuhl angewiesen ist, nur noch seine Finger und seinen Kopf bewegen kann, nachts inzwischen beatmet werden muss und für alles und jedes Hilfe braucht und auf andere angewiesen ist. Und trotzdem, auch wenn es unter diesen Umständen merkwürdig klingt, wenn ihn etwas auszeichnet, dann seine Fröhlichkeit und seine positive Gesamteinstellung. Es zu beschreiben ist schwierig, man muss es eigentlich erleben, um es fassen zu können. Das heißt nicht, dass es nicht auch bei ihm Tiefs und Enttäuschungen gibt, dass er sich seiner Situation nicht bewusst ist! »Muskeldystrophie Duchenne ist eine Scheißkrankheit …«, er hat alles Recht der Welt, diese Tatsache immer und immer wieder zu betonen, aber wie und mit welchen Strategien er sich dieser Krankheit stellt und sich dabei seinen Lebensmut und seine Zuversicht bewahrt, ist so besonders, dass wir uns auch diesbezüglich privilegiert fühlen.

Haben wir als Eltern und Familie einen Einfluss auf diese Lebenseinstellung gehabt? Ich bin mir diesbezüglich ehrlich unsicher. Wenn ich zurückdenke, wird mir wieder bewusst, dass Ilka und ich relativ schnell das Wort »Offenheit« um den Begriff der »Normalität« ergänzt haben. Hier muss ich aus meiner Sicht vorwegschicken, dass »Normalität« natürlich eigentlich ein völlig unsinniger Begriff ist. Was bitte soll darunter zu verstehen sein? Normalität ist von Individuum zu Individuum, von Familie zu Familie schon selbstverständlich etwas völlig Unterschiedliches. Ehrlich gesagt passt »Normalität« auch nicht zum Leben mit einer Behinderung, weil dabei nun einmal ganz viel nicht im Sinne von durchschnittlichen, »normalen« Abläufen, Entwicklungen etc. verläuft.

Vielleicht könnte man die von uns angestrebte »Normalität« am besten beschreiben mit: Wir machen alles, soweit es geht, wie wir es auch gemacht hätten, wenn Konstantin nicht erkrankt wäre, und schauen dabei, wo wir an Grenzen stoßen, und die akzeptieren wir dann oder auch nicht.

Alles ganz einfach! Allerdings steckt in dieser »Zauberformel« auch drin, dass man an bestimmten Punkten scheitert.

Sehr oft ist es ein Scheitern z. B. im Alltag aus banalen Gründen, z. B. an der immer noch erschreckend oft miserablen behindertengerechten Infrastruktur in unserem Land, manchmal ein Scheitern an bewusster oder unbewusster Rücksichtslosigkeit, wenn etwa der situativ wichtige Behindertenparkplatz bereits anderweitig besetzt ist. Kleinigkeiten, aber sie können sich situationsabhängig gravierend auswirken.

Seltener ist das Scheitern am System. Wenn, dann aber umso schmerzhafter. Nach stabilen Zeiten in Kindergarten und Grundschule musste Konstantin auf seiner ersten weiterführenden Schule erleben, dass Inklusion ein phantastischer Gedanke ist und mit Geld und Personal auch durchaus umzusetzen wäre, denn der Wille derer, die die Inklusion umsetzen haben, ist durchaus vorhanden. Problematisch wird es allerdings, wenn sich die Rahmenbedingungen, die schon bei Einführung der Inklusion schlecht waren, kontinuierlich weiter verschlechtern, anstatt sich zu verbessern. Ich breche hier ab, weil man sich an dieser Stelle leicht verzettelt und noch leichter verzweifelt. Außerdem wissen die Verantwortlichen um die traurige Situation und es lohnt nicht, sich aufzuregen. Es ist der einzige Punkt, an dem wir zugegebenermaßen resigniert haben.

Konstantin hat seinen Weg, auch nach Problemen und Schwierigkeiten, immer wieder gefunden. Auf der Förderschule, heute auf dem Berufskolleg mit Internatsanschluss auf dem Weg zum Realschulabschluss. Und er sieht für sich auch noch kein Ende. Es soll weitergehen. Er möchte Selbstständigkeit, einen Beruf, irgendwann in eine Wohngruppe oder vielleicht sogar in ein betreutes Wohnen in eigener Wohnung. Seine große Stärke ist inzwischen sein Optimismus (den hatte er eigentlich schon immer) und sein Selbstbewusstsein (das musste sich erst entwickeln). Gerade die Entwicklung des Selbstbewusstseins spielte in Konstantins Fall eine entscheidende Rolle.

Einfach aufgrund seiner Erkrankung und den damit verbundenen Einschränkungen war er lange auf feste Strukturen und Abläufe fixiert. Ungewohnte Situationen bereiteten ihm große Angst. Diese Tatsache änderte sich erst langsam. Dabei spielten viele Faktoren und Einflüsse, vor allem aber Menschen eine wichtige Rolle.

Neben dem familiären Umfeld und dem engsten elterlichen Freundeskreis ist das die kleine Gruppe seiner Freunde, die ihm seit Kindertagen die Treue halten, die keinerlei Berührungsängste haben, hinten auf seinem E-Rolli zum allseits bekannten Burgerbrater zu fahren und ihm die Pommes in den Mund zu stopfen. Es ist weiterhin seine Krankengymnastin, die aber über die Krankengymnastik hinaus die Rolle der Vertrauten, der Gesprächspartnerin, der Motivationstrainerin sowie der Spezialistin in Musikfragen einnimmt. Sie genießt eindeutig eine wichtige Sonderstellung.

Weiterhin von großer Bedeutung: der Kontakt zur Deutschen Duchenne Stiftung sowie gemeinsame Fahrten und Events, die durch diese organisiert wurden. Hier erlebte Konstantin auch viele ältere Betroffene, was ihn nicht einschüchterte, sondern ihm Wege und Alternativen aufzeigte. Hier knüpften er und wir wichtige Kontakte. Hier erlebten und erleben wir viel Solidarität und Gemeinschaft, erfahren aber auch immer wieder, dass Konstantins Krankheit die Lebenserwartung begrenzt.

Und sicherlich sehr wichtig für ihn seit 2018: seine Aufenthalte im Regenbogenland Düsseldorf. Diese hatten und haben für ihn eine besondere Bedeutung. Zunächst war es nicht leicht für ihn, als ihm bewusst wurde, dass er im Regenbogenland perspektivisch eben ohne seine Mutter sein würde. Meine Frau Ilka war (und ist) für ihn sicherlich die Bezugsperson Nummer 1. Sie begleitete ihn bei den schweren Krankenhausaufenthalten, trug und trägt in vielen Bereichen die Hauptverantwortung und, da muss man ehrlich sein, auch die Hauptbelastung. Das Wort »allein« machte ihm große Sorgen und Angst. So fand der erste Aufenthalt dann auch mit meiner Frau statt. Es blieb der einzige Aufenthalt in Begleitung. Kurz gesagt: Er kam strahlend wieder und für ihn war klar, dass er das nächste Mal allein seine Zeit dort verbringen würde. Und so kam es auch. Das Regenbogenland, die Menschen, die dort arbeiteten, vermittelten ihm ein so hohes Vertrauen, Sicherheit und Zugewandtheit, dass seine Ängste verflogen. Für ihn ein zentraler Schritt. Ich weiß noch, dass er mir nach dem ersten Aufenthalt ohne Begleitung mitteilte, wie wichtig es sei, so etwas auch allein durchzuziehen, gerade im Hinblick auf die Zukunft. Er nannte es grinsend »seinen Cluburlaub«. Es klingt vielleicht merkwürdig, aber wer Konstantin zu diesem Zeitpunkt gut kannte, der wusste, dass er damit quasi das höchste Lob ausgesprochen hatte. Und so blieb es auch.

Meiner Meinung nach setzte hier ein besonderer Prozess ein. Konstantin erkannte über seine Aufenthalte im Regenbogenland seine Fähigkeit, sich losgelöst von seinem gewohnten häuslichen Umfeld auf neue Herausforderungen einzulassen. Gerade hier erfuhr sein Selbstbewusstsein, aber auch seine Selbstständigkeit eine enorme Stärkung. Er lernte nicht nur viele besondere und engagierte Menschen kennen, sondern mit ihrer Hilfe auch Dinge über sich selbst. In vielen Bereichen lösten sich Ängste, Sorgen und Unsicherheiten. Das Regenbogenland betrachtet er heute als einen wichtigen Teil seines »Jahresprogrammes« und er freut sich schon deutlich im Vorfeld auf die Aufenthalte dort. Auch bei Veranstaltungen, die das Regenbogenland durchführt, ist er gerne zu Gast und jederzeit bereit, im Rahmen seiner Möglichkeiten, wenn gewünscht, auch zu unterstützen.

Meine Frau und ich sind fest davon überzeugt, dass er ohne das Regenbogenland seinen letzten großen Schritt nicht gewagt hätte. Nach seinem Abschluss an der Förderschule war es schwer, eine Schule zu finden, an der er seine Schulbildung weiter fortsetzen konnte und die gleichzeitig auch seine Betreuung adäquat sichern würde. Das es schließlich das Nell-Breuning-Berufskolleg in Rhöndorf wurde, ist insofern von besonderer Bedeutung, als er dort unter der Woche im Internat lebt. Er war an dieser Entscheidung in vollem Umfang beteiligt, und es war wirklich nur der erste Tag und die erste Nacht, in der er an seiner eigenen Courage zweifelte. Eigentlich war er wesentlich mutiger in dieser Sache als wir Eltern. Und er hat viele weitere Pläne. Er möchte nicht nur irgendwann so selbstständig wie möglich leben, er geht Praktika an, er will schulisch so weit wie möglich kommen, er möchte einen Beruf. Er steht mitten im Leben.

Ich habe in erster Linie Konstantin, aber natürlich auch den Rest der Familie, dies alles lesen lassen. Ohne ihre Zustimmung wäre ich nicht bereit gewesen, diese Zeilen zur Veröffentlichung freizugeben, denn es ist nicht meine Geschichte, es ist unsere Geschichte, es ist nicht meine Lebensrealität, sondern unsere. Viel kommt zu kurz, viel habe ich weggelassen und allen Menschen kann ich in diesem Umfang auch nicht gerecht werden. Das tut mir leid, aber Konstantin gab mir mit auf den Weg: »Nicht zu lang, Papa!«

Um es noch einmal in aller Deutlichkeit zu sagen: »Muskeldystrophie Duchenne ist eine Scheißkrankheit« (den Urheber des Zitates kennen Sie ja bereits). Daran gibt es nichts zu deuteln. Und trotzdem hoffe ich, dass das Positive auf diesen Seiten deutlich genug geworden ist.

Kommen wir zurück zum Anfang. Ja, in einem Hospiz wird gestorben. Das war so, ist so, wird so bleiben. In einem Hospiz, gerade in einem Kinder- und Jugendhospiz wie dem Regenbogenland, wird aber eben nicht nur gestorben, sondern auch im wahrsten Sinne des Wortes gelebt, denn neben dem unausweichlichen Ende gibt es noch so viel mehr davor bzw. drumherum. Ja, es gibt die kleinen und größeren Gäste, die nur auf dem letzten Weg begleitet werden. Aber deren Angehörige leben und sie sind heute gleichberechtigter Teil der modernen und ganzheitlichen Hospizarbeit. Dann gibt es die oft etwas größeren Gäste, deren Weg zwar absehbar ist, die sich selbst aber als mitten im Leben stehend begreifen und auch so wahrgenommen werden wollen. Auch hier bietet das Regenbogenland Hilfe und Unterstützung für Betroffene, Eltern und Geschwister, bietet eine Plattform der Unterstützung in jeder Form und auch einen Schutzraum. Hier kann man Schwächen, Ängste und Sorgen bedenkenlos zeigen und zugeben, aber auch Kraft tanken und Stärken entwickeln. »Hospitium« bedeutet übersetzt auch Gastfreundschaft. Die, die diese im Regenbogenland erleben dürfen und darüber berichten können, würden bestätigen, wie wichtig, umfassend und vielschichtig dieser Begriff sein kann.

Konstantin ist einer von denen, die das alles bestätigen könnten.

# KAPITEL 2

# Botschaften der Hoffnung aus der Wissenschaft

# Wenn ein Kinderleben durch Gewalt massiv beeinträchtigt oder gar kürzer wird – Von Tim und dem großen Regenbogen des Regenbogenlandes

*Stefanie Ritz-Timme*

Das Regenbogenland bietet Kindern und Jugendlichen mit verkürzter Lebenserwartung ein Umfeld, in dem sie ihre verbliebene Zeit möglichst unbeschwert mit kindlichem oder jugendlichem Leben füllen können. In aller Regel sind es Erkrankungen, die das Leben der Gäste des Regenbogenlandes verkürzen.

Dieser Beitrag wird von einer Rechtsmedizinerin geschrieben. Leser:innen könnten sich fragen, wo denn der Bezug zwischen Rechtsmedizin und Regenbogenland liegt.

**Wenn ein Kinderleben durch eine Gewalttat massiv beeinträchtigt wird, dann kann es dazu kommen, dass die Mitarbeitenden des Regenbogenlandes und die Rechtsmediziner/-innen im Universitätsklinikum Düsseldorf dieselben Kinder kennenlernen.**

Es gibt eine (glücklicherweise kleine) Gruppe meist junger Kinder, die deshalb die Unterstützung des Regenbogenlandes benötigen, weil ihnen Gewalt angetan wurde und sie dabei schwerste Verletzungen erlitten, die ihr Leben fast beendeten.

Nicht selten handelt es sich dabei um sehr junge (nur Wochen oder einige Monate alte) Kinder, die Opfer eines sog. Schütteltraumas wurden. Rechtsmediziner/-innen sind an der Diagnostik und der Aufklärung der Ereignisse beteiligt, das Regenbogenland betreut die Kinder nach Entlassung aus der Klinik. Es versteht sich von selbst, dass hier zum Schutz der Geschädigten und ihres Umfeldes nicht über Einzelschicksale berichtet werden kann. Die deshalb konstruierte Geschichte des fiktiven Kindes »Tim« soll veranschaulichen, wie herausfordernd solche Situationen für alle Beteiligten sein können.

*Tims Eltern waren noch jung, als er zur Welt kam; seine Mutter und sein Vater waren zu diesem Zeitpunkt 19 und 20 Jahre alt, beide waren in einer Ausbildung. Die Schwangerschaft mit Tim kam trotz Verhütung zustande, war also nicht geplant – dennoch freuten sich die jungen Leute auf das Kind. Sie suchten sich mit Unterstützung ihrer Eltern eine gemeinsame Wohnung und statteten ein Kinderzimmer aus. Die Geburt verlief komplikationslos. Dann kam nach der Entlassung aus der Klinik der Alltag. Das Leben der jungen Eltern war nun völlig anders als zuvor; es blieb kaum mehr Zeit für Hobbys und Freunde. Immer mehr Kontakte gingen verloren, die Eltern lebten jeweils einige hundert Kilometer entfernt und konnten nur wenig entlasten. Und Tim war ein »Schreikind«. Er schrie oft und lange, vor allem abends und nachts. Seine Eltern stellten ihn deshalb mehrfach bei Kinderärzten vor, die aber immer feststellten, dass Tim ein gesundes Kind sei. Das Schreien hörte aber nicht auf. Und dann kam die Nacht, die alles veränderte. Der mittlerweile 6 Wochen alte Tim schrie wieder, es hörte nicht auf. Tims Vater trug das Kind stundenlang durch die Wohnung, nichts half. Und dann waren da so viel Frustration, Müdigkeit und negative Gefühle; Tims Vater wollte einfach, dass das Kind endlich ruhig sei – er begann Tim zu schütteln, seine Hände lagen um den Oberkörper des Kindes, der kindliche Kopf flog hin und her – und dann war Tim still ... und eigenartig schlaff. Die Eltern wussten sofort, dass »etwas« mit*

*Tim geschehen war, und setzten einen Notruf ab. Tim wurde in eine Kinderklinik eingeliefert. Das Schütteln wurde den Ärzten zunächst verschwiegen. In der Kinderklinik wurden eine Blutung in das Schädelinnere und Zeichen einer schweren Hirnschädigung festgestellt. Die Rechtsmedizin wurde hinzugezogen und nach Abschluss weiterer Untersuchungen stand die Diagnose »Schütteltraumasyndrom« im Raum. Diese Diagnose wurde den Eltern vorgehalten – Tims Vater berichtete daraufhin unter Tränen, was vorgefallen war.*

Beim »Schütteltrauma« kann es zu schweren Hirnschäden kommen. Junge Säuglinge können ihren Kopf noch nicht über die Halsmuskulatur stabilisieren. Dadurch kommt es beim Schütteln zu einer Pendelbewegung des Kopfes, oft auch mit einer Rotationskomponente. Diese Beschleunigung des kindlichen Kopfes kann zu Zerreißungen von Gefäßen im Schädelinneren mit Blutungen unter die harte Hirnhaut und zu Hirngewebsschäden führen. Nicht selten führt das Schütteln der Kinder zum Tod (nach Angaben in Studien sterben zwischen 8 % und 25 % der betroffenen Kinder), über Zweidrittel der Überlebenden erleiden unterschiedlich starke, nicht selten auch erhebliche neurologische Folgeschäden, die über Monate und Jahre noch zunehmen können.

So kann das Schütteltrauma innerhalb von Sekunden bis Minuten aus einem gesunden Kind ein totes oder schwerstbehindertes Kind machen. Verantwortlich für diese Misshandlung ist in aller Regel ein Elternteil, wobei meist nicht in der Absicht gehandelt wird, das Kind so schwer zu schädigen oder gar zu töten; die Geschichte von Tim ist insoweit typisch.

Das Regenbogenland hat in den letzten Jahren auch schwerstgeschädigte »Schütteltrauma-Kinder« betreut. Für die eine oder den anderen unter den betreuenden Mitarbeitenden dürfte die Geschichte dieser Kinder (als gesundes Kind geboren, durch Misshandlung eines Elternteils schwerstgeschädigt) sehr belastend gewesen sein. Schon für erfahrene Rechtsmediziner:innen, die jeden Tag mit dem Thema »Gewalt gegen andere Menschen« umgehen müssen, kann die (hier eher kurze) Begegnung mit dem geschädigten Kind und seinen Eltern auf menschlicher Ebene belastend sein. Wie groß kann die Belastung werden, wenn Mitarbeitende des Regenbogenlandes diese Kinder jeden Tag sehen, sie betreuen – und auch den Eltern begegnen, wenn (wie in vielen Fällen) nicht mit ausreichender Sicherheit geklärt werden kann, welcher Elternteil das Kind schüttelte? Für ihren professionellen Einsatz auch in diesen besonderen und belastenden Bedingungen ist den Mitarbeitenden des Regenbogenlandes großer Respekt zu zollen. Sie geben den geschädigten Kindern neben vielen anderen Dingen etwas, das für diese Kinder besonders wichtig ist: Geborgenheit, Sicherheit und Schutz.

Das Regenbogenland legt genau darauf großen Wert. In einem längeren Prozess hat es deshalb aktuell ein umfassendes Rechte- und Schutzkonzept formuliert (und auf seiner Website veröffentlicht), das u. a. Risiken und Präventionsansätze ausführlich adressiert. Damit tritt das Regenbogenland dem Risiko der Gefährdung des Wohles von Kindern und Jugendlichen aktiv entgegen und spannt einen jetzt noch robusteren Schutzschirm auf, den gerade Kinder und Jugendliche brauchen, die in ihrem kurzen Leben bereits Gewalt erleben mussten.

## Kinderschutz und Gewaltprävention: Im Regenbogenland wird weitergedacht!

Anders als bei schweren Erkrankungen kann das Risiko der Verkürzung des Lebens von Kindern durch Folgen einer Misshandlung über Maßnahmen des Kinderschutzes und der Gewaltprävention gesenkt werden. Insoweit ist es bemerkenswert konsequent, dass die Stiftung Regenbogenland sich aktiv für Kinderschutz und Gewaltprävention einbringt.

Mit der Auslobung des Preises für Kinderschutz durch die Stiftung Regenbogenland und die Düsseldorfer Jonges wird das Thema sichtbar gemacht und in die Gesellschaft getragen. Die Verleihung des Preises an Frau Professor Elisabeth Trube-Becker (2022) schlug eine Brücke zur Rechtsmedizin. Frau Trube-Becker wirkte als Professorin für Rechtsmedizin in den 50er und 60er Jahren des vorigen Jahrhunderts im Düsseldorfer Institut. Sie war eine Pionierin für den Kinderschutz – in einer Zeit, in der Gewalt in der Familie ein Tabu-Thema war. Ihre Motivation, sich zu diesem Thema zu engagieren, führte sie selbst auf die Obduktion eines zu Tode misshandelten Kindes zurück.

Kinderschutz und Gewaltprävention sind in Düsseldorf gemeinsame Handlungsfelder von Regenbogenland und Rechtsmedizin. Dies wird auch durch die großzügige Unterstützung des »Trube-Becker-Hauses« durch die Stiftung Regenbogenland deutlich. Dieses Gebäude, das auf dem Campus des UKD zwischen der Kinderklinik und dem Institut für Rechtsmedizin errichtet wird, wird ein interdisziplinäres Zentrum für die Versorgung gewaltbetroffener Menschen aufnehmen. Unter einem Dach werden die Kinderschutzgruppe des UKD, das »Childhood-Haus«, das sozialpädiatrische Zentrum der Kinderklinik sowie die rechtsmedizinische Ambulanz für gewaltbetroffene Menschen zusammengefasst – und damit zusammengeführt, was es für einen ganzheitlichen Kinderschutz braucht. Über ein interdisziplinäres Team (Ärztinnen und Ärzte insbesondere aus Kinderheilkunde und Rechtsmedizin, Psychologinnen und Psychologen, Sozialarbeiter/-innen u. a.) ist eine breite Kompetenz für die Versorgung und Begutachtung Geschädigter vorhanden. Das »Childhood-Haus« bietet eine kindgerechte Umgebung zur Untersuchung und Vernehmung misshandelter Kinder. Über die rechtsmedizinische Ambulanz öffnet sich ein Weg zu Familien (insbesondere zu Müttern) mit der Thematik »Häusliche Gewalt« und damit auch zu Kindern im Dunkelfeld. Das sozialpädiatrische

Zentrum bringt die Kompetenz für eine Nachsorge für geschädigte Kinder ein. Dieser breite interdisziplinäre Ansatz ist deutschlandweit einzigartig und hat Modellcharakter. Im Zentrum wird auch (Versorgungs-)Forschung insbesondere zum Thema Prävention breiten Raum einnehmen wie auch Angebote für Lehre und Weiterbildung von Ärztinnen und Ärzten.

*Und wie hätte (das fiktive Kind) Tim vom Engagement des Regenbogenlandes und der Regenbogenlandstiftung profitieren können?*
*Im Regenbogenland hätte Tim die Geborgenheit und Sicherheit erfahren, die er nach dem Erleben von Gewalt sicher gebraucht hätte. Die Professionalität der Mitarbeitenden hätte dafür gesorgt, dass Tim auch darüber hinaus optimale Chancen dafür bekommen hätte, seine verbliebene Lebenszeit in Gewaltfreiheit und möglichst unbeschwert zu verbringen. Vermutlich hätte er viel zurückgeben können – jedes Lächeln oder Lachen wäre ein Geschenk für die ihn betreuenden Menschen gewesen.*
*Und vielleicht wäre Tim auch gar nicht erst geschüttelt worden, wenn Maßnahmen des Kinderschutzes, der Gewaltprävention und der Weiterbildung zu diesen Themen durch das Trube-Becker-Haus bereits präsenter in Öffentlichkeit und Ärzteschaft gewesen wären. Tims Vater wusste offenbar nicht, wie gefährlich das Schütteln eines Säuglings ist; die konsultierten Kinderärztinnen und Kinderärzte unterschätzten die Folgen der Situation »Schreikind« offenbar und klärten nicht über das Risiko der Reaktion »Schütteln« auf.*

Aus der Sicht der Rechtsmedizin, die leider viel zu viele Kinder wie Tim sieht, ist die Arbeit des Regenbogenlandes und das Engagement der Stiftung Regenbogenland außerordentlich vorbildlich. Die stetige Weiterentwicklung der Konzepte hat über die 25 Jahre des Bestehens des Regenbogenlandes zu ganzheitlichen, interdisziplinären Denk- und Handlungsansätzen geführt, die Kindern mit reduzierter Lebenserwartung neue Perspektiven eröffnen. Mit Öffnung zu den Themen Kinderschutz und Gewaltprävention öffnet das Regenbogenland sich über seine eigentlichen Gebäude hinweg, der schützende Regenbogen ist sehr groß geworden!

Danke dafür – auch und besonders im Namen von Kindern wie *Tim*!

# Das Projekt PraeKids – lebensbedrohlichen und lebensverkürzenden Krankheiten auf der Spur

*Sven Jennessen und Nadja Melina Burgio*

## Vorspiel

Bei wie vielen Kinder in Deutschland werden Diagnosen lebensbedrohlicher und lebensverkürzender Erkrankungen gestellt?

Zu dieser Frage lagen bislang in Deutschland keine befriedigenden Antworten vor. Lediglich ein einfacher Transfer von Prävalenzdaten aus England war bislang die Grundlage für eine geschätzte Zahl von 50.000 betroffenen Kindern und Jugendlichen bis 19 Jahren, die als Richtwert für die Versorgungs- und Begleitstrukturen im Kinderhospiz- und Palliativbereich gilt. »Warum haben wir in Deutschland eigentlich keine genaueren Zahlen?« – so Norbert Hüssons berechtigte Frage in einem Gespräch mit Sven Jennessen am Rande einer Sitzung des Wissenschaftlichen Beirats der Akademie Regenbogenland. Diese Frage war Ausgangspunkt einer intensiven Auseinandersetzung mit Zugangswegen, Diagnosegruppen, Prävalenzwerten und klinischen Kodierungspraxen.

## Die Studie PraeKids

Dank der Förderung durch die Stiftung Kinder- und Jugendhospiz Regenbogenland gelang es einem Forschungsteam der Humboldt-Universität zu Berlin, Kinder und Jugendliche mit lebensbedrohlichen und/oder lebensverkürzenden Erkrankungen in Deutschland in ihrer diagnostizierten Anzahl erstmals zu erfassen (Jennessen & Burgio 2022). Die Notwendigkeit, solche Daten auch für Deutschland zu generieren, wurde in den zu Beginn der Studie geführten Interviews mit nationalen und internationalen Expert:innen aus dem Versorgungsspektrum wiederholt betont.

In einer ersten Projektstufe wurden mögliche Forschungszugänge eruiert, um Daten zu erheben bzw. nutzen zu können, die die Häufigkeit (Prävalenz) der diagnostizierten lebensbedrohlichen und lebensverkürzenden Erkrankungen bei Kindern und Jugendlichen in Deutschland im Alter von 0-19 Jahren abbilden.

Die Autorin und der Autor entwickelten in der zweiten Projektstufe ein Forschungsdesign und konnten den Spitzenverband Bund der Krankenkassen (GKV-Spitzenverband) und das Institut für angewandte Gesundheitsforschung Berlin GmbH (InGef) für eine Forschungskooperation gewinnen.

Auf der Grundlage einer durch das Forschungsteam überarbeiteten und in Zusammenarbeit mit pädiatrischen Palliativmediziner:innen abgestimmten Diagnose-Liste (Burgio-Jennessen-Liste mit Diagnosekodierungen nach der ICD-10-GM, der amtlichen Klassifikation für Diagnosen) wurde ein aktueller Prävalenzbereich berechnet. Die Festlegung auf eine Prävalenzrange und keine absolute Zahl hat den Grund, dass sich die errechneten Prävalenzwerte der GKV-SV und InGef unterscheiden, da ihnen unterschiedliche Falldefinitionen (in die Berechnung einbezogene Fälle) und Versorgungssettings (ambulant/stationär) zugrunde liegen. In der GKV-SV-Berechnung wurden nur Daten erhoben, die bei der ambulanten Versorgung der Kinder und Jugendlichen erfasst wurden. Bei der Berechnung des Prävalenzwertes durch InGef wurden sowohl ambulante als auch stationäre Diagnosestellungen aus der ICD-10-GM-Liste berücksichtigt. Für stationäre Fälle genügte eine einmalige Diagnosestellung im Analysejahr. Für die Berücksichtigung ambulant gestellter Diagnosen war es für InGef erforderlich, dass diese zweimal in verschiedenen Quartalen desselben Kalenderjahres gestellt wurden (sogenanntes M2Q-Kriterium).

Die erfassten Einzeldiagnosen werden den vier Together for Short Lives-Gruppen (TfSL-Gruppen) zugeordnet. Diese TfSL-Gruppen wurden ursprünglich als ACT-Gruppen deklariert, die durch die Association for Children with Life Threatening or Terminal Conditions and Their Families (ACT) und das Royal College of Paediatrics and Child Health (RCPCH) erstellt und auf dem IMPaCCT-Meeting in Trento weiter modifiziert wurden (Craig et al. 2008, S. 402). Im Jahr 2011 vereinigten sich die Organisationen ACT und Children's Hospices UK zu Together for Short Lives und es wurden die Einteilungen und Definitionen der ACT-Gruppen übernommen (TfSL1, TfSL 2, TfSL 3, TfSL 4; togetherforshortlives, 2011). Diese werden nachfolgend nach Hoell et al. (2019, S. 1894) und Widdas, McNamara & Edwards (2013, S. 10 f.) komprimiert dargestellt:

- ❖ Zu **Gruppe 1** zählen lebensbedrohliche Erkrankungen, für die es kurative Therapien gibt, bei denen jedoch auch ein Therapieversagen und somit ein verfrühter Tod möglich sind.
- ❖ Zu **Gruppe 2** gehören Erkrankungen, die zu einem frühen Tod führen und demnach nicht kurativ behandelbar sind. Intensive Therapien ermöglichen eine Lebensverlängerung und die Partizipation an Aktivitäten des täglichen Lebens.
- ❖ **Gruppe 3** beinhaltet progrediente Erkrankungen, für die ausschließlich palliative Therapiemöglichkeiten zur Verfügung stehen.
- ❖ Der **Gruppe 4** sind meist neurologisch begründete Erkrankungen zugeordnet, die irreversibel, aber nicht progredient sind. Diese führen aufgrund einer Vielzahl potentieller gesundheitlicher Komplikationen meist zu einem frühzeitigen Tod.

Die Ergebnisse der Untersuchung stellt folgende Abbildung dar:

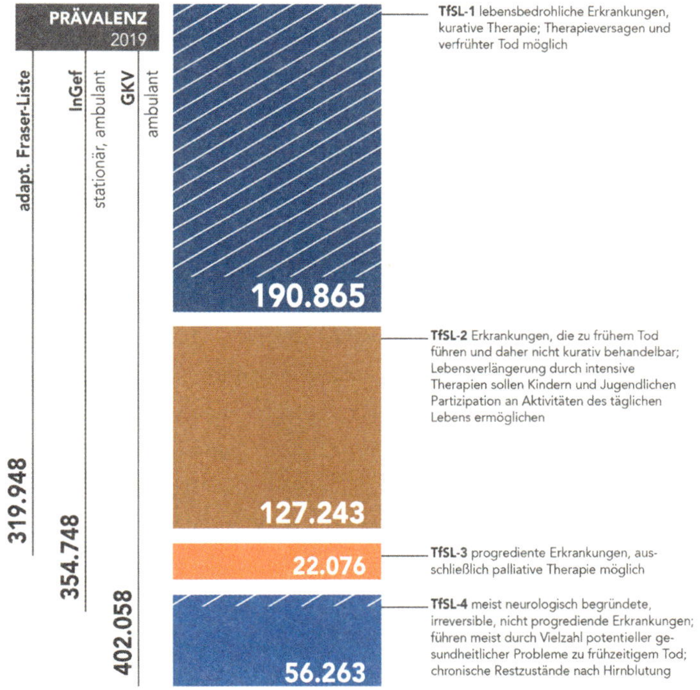

Abbildung 1: Prävalenzrange von lebensbedrohlichen und lebensverkürzenden Erkrankungen bei Kindern und Jugendlichen in Deutschland – Stand 2019

Für das Jahr 2019 liegt die Prävalenz der gestellten Diagnosen zwischen 354.748 (InGef) und 402.058 (GKV) betroffenen Kindern und Jugendlichen bis 19 Jahren. Berücksichtigt man zusätzlich die in den Studien in Großbritannien verwendete und im Rahmen der Studie aktualisierte Codeliste, erweitern sich diese Zahlen auf eine Spanne zwischen 319.948 und 402.058 betroffenen Kindern und Jugendlichen.

In der Ergebnisdarstellung fällt zunächst der prägnante Unterschied zwischen der aktuell erhobenen Prävalenzzahl mit über 300.000 diagnostizierten Betroffenen auf, die sich deutlich von der in der Literatur verwendeten, jedoch nicht empirisch erhobenen Anzahl von 50.000 Kindern und Jugendlichen mit lebensbedrohlichen und lebensverkürzenden Erkrankungen unterscheidet. Die Studie von Fraser et al. (2012), auf die sich die letztgenannte Zahl bezieht, und die aktuelle Untersuchung beruhen auf unterschiedlichen Forschungsdesigns inklusive verschiedener Falldefinitionen. Bei PraeKids wurden im Gegensatz zu den englischen Studien sowohl stationäre als auch ambulante Fälle einbezogen, sofern letztere das M2Q-Kriterium erfüllten. Da nicht alle Kinder und Jugendlichen mit lebensbedrohlichen Gesundheitsverläufen regelmäßiger stationärer Versorgung bedürfen, wurde dieser Indikator gewählt. Des Weiteren wurden in der Prävalenzberechnung aus Deutschland auch lebensbedrohliche Erkrankungen berücksichtigt, die nicht zwingend zu einem frühen Tod und einer palliativen Versorgung führen müssen[*]. Sie können aber einer akuten (intensiv-)medizinischen bzw. -pflegerischen Versorgung bedürfen und/oder sollten je nach Behandlungsverlauf zumindest potentiell in der zukünftigen Versorgung mitbedacht werden, auch wenn sie im günstigsten Fall einer erfolgreichen kurativen Therapie keine dauerhaft intensive sowie palliative Versorgung benötigen. Dies bedeutet, dass in der Bewertung der Ergebnisse vor allem ein differenzierter Blick auf die Diagnosen der TfSL1- und TfSL4-Gruppen gerichtet werden muss. In der TfSL1-Gruppe sind z. B. auch onkologische Erkrankungen subsummiert. Im Jahresbericht des Deutschen Kinderkrebsregisters (2019) wird in Bezug auf die Prognose der Fälle im Alter von unter 18 Jahre festgehalten, dass derzeit 82 % der Patient:innen eine Krebserkrankung mindestens 15 Jahre und 90 % derzeit eine lymphatische Leukämie (LL) mindestens 15 Jahre überleben (Abschnitt 8). Das bedeutet, dass diese Überlebensraten bei den Versorgungsstrukturen

---

[*] Die lebensbedrohlichen Erkrankungen werden in der Abbildung oben durch die Schraffierungen visualisiert.

mitbedacht werden sollten, da nur für einen geringen Anteil dieser Kinder und Jugendlichen palliative und hospizliche Angebote vorgehalten werden müssen, jedoch zeitlich begrenzte, intensive medizinische und psychosoziale Versorgungsstrukturen benötigt werden.

Zudem sind kleinere Unterschiede in der Kodierungspraxis zu berücksichtigen. In der Zusammenarbeit mit Palliativmediziner:innen aus Deutschland gab es jedoch lediglich bei einem Anteil von 5 % der Diagnosen divergierende Einschätzungen bezüglich des Ein- bzw. Ausschlusses von ICD-10-Codes in die aktuelle Prävalenzberechnung. Hierbei wurde auf der Basis von fachlich medizinischen Einschätzungen über die Berücksichtigung dieser ICD-10-Codes entschieden.

Wie alle Studien weisen auch die PraeKids-Ergebnisse Limitationen im Sinne von Einschränkungen auf. Zu diesen zählt, dass die Festlegung auf ausgewählte ICD-10-Kodierungen und damit die Auseinandersetzung mit Einzeldiagnosen, Diagnosegruppen, der entsprechenden Kategorisierung in lebensbedrohliche und lebensverkürzende Erkrankungen und der Zuordnung in die TfSL-Gruppen aus fachlicher Perspektive unterschiedlich erfolgen kann. Hier dienten die oben beschriebenen Rückkopplungsschleifen mit den kooperierenden Mediziner:innen einem Höchstmaß dialogischer Validität. Weitere methodische und inhaltliche Limitationen sind im Forschungsbericht (Jennessen & Burgio 2022, 38 f.) festgehalten.

Aus den erhobenen Zahlen lassen sich derzeit keine Rückschlüsse auf die Angemessenheit der Versorgungsstrukturen betroffener Kinder und Jugendlicher und ihrer Familien ziehen, jedoch stellt die nun mittels der Studie erhobene Prävalenz der diagnostizierten lebensbedrohlichen und lebensverkürzenden Erkrankungen eine wichtige Grundlage für weitere Untersuchungen wie die Erhebung der gesundheitsbezogenen Versorgungs- und Begleitungsangebote in Deutschland dar. Weitere Studien sind notwendig und bereits in Planung, um das Versorgungsangebot mit dem Versorgungsbedarf der betroffenen Kinder und Jugendlichen sowie ihrer Familien abzugleichen und daraus konkrete Handlungsempfehlungen für die Gestaltung gesundheitsbezogener Versorgungs- und Betreuungsangebote, z. B. im Hospiz- und Palliativbereich, abzuleiten. Auch wenn die Anzahl von 50.000 Kindern und Jugendlichen mit lebensbedrohlichen und lebensverkürzenden Erkrankungen lediglich eine einfache Hochrechnung der englischen Daten auf den deutschen Bevölkerungsanteil dieser Alterskohorte darstellte, bildete sie die Grundlage für die Bewertung der aktuellen palliativen und hospizlichen Versorgungsstrukturen im Kinder- und Jugendbereich sowie gesundheits- und bildungspolitische Entscheidungen. Da es nicht das Ziel der hier beschriebenen Studie war, die Bedarfsgerechtigkeit dieser Versorgungsstrukturen zu erheben, können keine Aussagen dazu getroffen werden, ob diese als hinreichend zu bezeichnen sind. Die Zahlen legen lediglich nahe, diese auf Grundlage dieser aktuellen Untersuchung zu überdenken.

## Nachspiel

Die Ergebnisse der hier vorgestellten Studie haben in der Fachwelt hohe Wellen geschlagen. Zu groß scheint die Differenz zwischen den vermuteten Prävalenzdaten der Zielgruppe und den nun vorliegenden, erstmalig empirisch erfassten Daten. Diese Skepsis ist durchaus nachvollziehbar. So waren auch die Autor:innen der Studie zunächst überrascht über die Daten, prüften diese kritisch und diskutierten diese vor ihrer Veröffentlichung mit Wissenschaftler:innen von InGef und Versorgungsforschern der Charité und der Humboldt-Universität. Die Transparenz der einzelnen Erhebungs-, Auswertungs- und Interpretationsschritte sowie die selbstkritische Auseinandersetzung mit Studiendesign und Limitationen der Untersuchung haben jedoch dazu geführt, dass das anfängliche Misstrauen an vielen Stellen der pädiatrischen Hospiz- und Palliativlandschaft einem ehrlichen Interesse gewichen ist, sich intensiv mit den Daten und ihrem Entstehungsprozess auseinanderzusetzen. Positive Peer-Reviews im Rahmen weiterer Publikationen an renommierter Stelle (z. B. Burgio & Jennessen 2023) bestätigen des Weiteren die Güte der vorliegenden Erkenntnisse.

Aus diesem Grund sei der Stiftung Kinder- und Jugendhospiz Regenbogenland an dieser Stelle ausdrücklich für ihr Vertrauen und die großzügige Förderung der Untersuchung gedankt.

## Literatur

Burgio, N. M. & Jennessen, S. (2023). PraeKids: Diagnoseprävalenz lebensbedrohlicher und lebensverkürzender Erkrankungen bei Kindern und Jugendlichen in Deutschland. In: Bundesgesundheitsblatt (nach Peer-Review im Druck)

Craig F., Abu-Saad Huijer H., Benini F., Kuttner L., Wood C., Feraris P.C., Zernikow B. (2008). IMPaCCT: Standards pädiatrischer Palliativversorgung in Europa [IMPaCCT: standards of paediatric palliative care. Der Schmerz, 22(4), 401–408. https://doi.org/10.1007/s00482-008-0690-4

Deutsches Kinderkrebsregister (2019). Jahresbericht Annual Report 2019. https://www.kinderkrebsregister.de/typo3temp/secure_downloads/42507/0/1c5976c2a-b8af5b6b388149df7182582a4cd6a39/Buch_DKKR_Jahresbericht_2019_komplett.pdf (Letzter Zugriff: 08.02.2022)

Fraser, L. K., Miller, M., Hain, R., Norman, P., Aldridge, J., McKinney, P. A. & Parslow, R. C. (2012). Rising National Prevalence of Life-Limiting Conditions in Children in England. Pediatrics, 129 (4), 923–929. https://doi.org/10.1542/peds.2011-2846

Hoell, J. I., Weber, H., Warfsmann, J., Trocan, L., Gagnon, G., Danneberg, M., Kuhlen, M. (2019). Facing the large variety of life-limiting conditions in children. European Journal of Pediatrics, 178(12), 1893–1902. https://doi.org/10.1007/s00431-019-03467-9

Jennessen, S. & Burgio, N. M. (2022). Erhebung der Prävalenz von Kindern und Jugendlichen mit lebensbedrohlichen und lebensverkürzenden Erkrankungen in Deutschland (PraeKids). Berlin: Universität, Kultur-, Sozial- und Bildungswissenschaftliche Fakultät, Institut für Rehabilitationswissenschaften

togetherforshortlives (2011). ACT & Children's Hospices UK merge to become the single voice. https://www.togetherforshortlives. org.uk/8350-2/ (Letzter Zugriff: 20.09.2021)

Widdas, D., McNamara, K. & Edwards, F. (2013). A Core Care Pathway for Children with Life-limiting and Life-threatening Conditions (third edition). https://www.togetherforshortlives.org.uk/wp-content/uploads/2018/01/ProRes-Core-Care-Pathway.pdf (Letzter Zugriff: 09.06.2021)

# Enge Zusammenarbeit von Kinderhospiz und Kinder-Onkologie – Gedanken eines Kinderonkologen

*Arndt Borkhardt*

Als mich Herr Hüsson am Rande eines Abendessens fragte, ob ich anlässlich des 25-jährigen Bestehens des Düsseldorfer Kinderhospizes einen Buchbeitrag verfassen könnte, habe ich mich sehr gefreut. Sein Vorschlag drückt nicht nur die enge Verbundenheit und die segensreiche Kooperation zwischen meiner Klinik, der Klinik für Kinder-Onkologie, -Hämatologie und Klinische Immunologie der Heinrich-Heine-Universität Düsseldorf und der mittlerweile gewachsenen Düsseldorfer Institution »Regenbogenland« aus, sondern erlaubt auch die Reflexion über das Erreichte und einen Blick in die Zukunft zu werfen. Als ich Ende 2006 von der Ludwig-Maximilians-Universität München nach Düsseldorf wechselte, bestand das Regenbogenland schon einige Jahre. Die Zusammenarbeit und gemeinsame Betreuung und Unterstützung von Kindern mit lebenslimitierenden Erkrankungen war damals noch sehr rudimentär entwickelt. Es bedurfte eines behutsamen Aufeinanderzugehens, um Vertrauen zu schaffen. Es war im Wesentlichen die sehr erfahrene kinderonkologische Oberärztin Frau Dr. Gisela Janßen, die das Eis gebrochen und tatkräftig mitgeholfen hat, die vielleicht beiderseits bestehenden Berührungsängste abzubauen. Heute, knapp 17 Jahre später, empfinde ich die Zusammenarbeit mit dem an meiner Klinik beheimateten Kinderpalliativteam »Sternenboot« und dem Regenbogenland als außerordentlich fruchtbar zum Wohle der uns anvertrauten Kinder sowie deren Familien.

Woher kam die vielleicht initial bestehende Scheu, über ein gemeinsames Betreuungskonzept für nicht mehr dauerhaft heilbare krebskranke Kinder nachzudenken? Ich denke, als Kinderonkologe an einer großen Universitätsklinik ist naturgemäß der Tag mit primär und ganz ausschließlich kurativen Behandlungskonzepten ausgefüllt. Eine große Klinik für Kinder-Onkologie, bei der auch zahlreiche Patienten aus anderen Bundesländern oder aus dem Ausland wegen einer Behandlung anfragen, hat selbstredend die Weiterentwicklung bestehender Therapiekonzepte und die Erhöhung der Heilungsraten zentral in ihrem Fokus. Zudem nimmt bei mir die starke Orientierung auf die präklinische Laborforschung einen großen Stellenwert ein, da ich unverändert der festen Überzeugung bin, dass nur das bessere Verständnis der Krebsentstehung bei Kindern auf zellulärer und molekularer Grundlage der Schlüssel zur weiteren Verbesserung der Heilungsraten ist. Mit dem Konzept der starken (meistens molekular orientierten) präklinischen Forschung, in enger Verbindung mit großen klinischen Studien, die zunehmend auch multinational durchgeführt werden, hat die Kinderonkologie in der Vergangenheit große Erfolge erzielt. Das erkrankungsfreie Überleben von Kindern und Jugendlichen mit Krebserkrankungen hat in Deutschland die 80 Prozent-Marke längst überschritten. Die übergroße Mehrzahl der als Kind an Krebs erkrankten Patienten erreicht heute eine Dauerheilung und als Erwachsener ein selbstbestimmtes Leben mit Beruf und Familie. Diese Erfolge wurden in der Vergangenheit weniger durch neue Medikamente oder grundsätzlich neue Therapien erreicht. Erst in der allerjüngsten Vergangenheit hat es zahlreiche neue Entwicklungen der Pharmaindustrie bei Medikamenten, Antikörpern oder zellulären Therapien gegeben. Für Jahrzehnte zuvor war dieser Erfolg primär auf die verbesserte Anwendung oder die wirksamere Kombination bekannter Medikamente und der engen nationalen und internationalen Zusammenarbeit in klinischen Studien zurückzuführen. Es gelang insbesondere auf diagnostischer Ebene durch die breite Entwicklung der Molekulargenetik in den Neunziger- und Zweitausenderjahren, Kinder besser in Risikogruppen einzuteilen und eine risikoangepasste Chemotherapie sicherer und komplikationsfreier durchzuführen. Es ist vielleicht verständlich, dass mit diesem ausschließlich kurativen Blick auf das Problem »Krebs im Kindesalter« bei mir die palliative Betreuung der uns anvertrauten Kinder nicht primär im Fokus stand. Man ist als Kinderonkologe selbstredend ein bisschen stolz, dass heute nur noch ein kleiner Teil (10 bis 15 Prozent) aller palliativmedizinisch zu betreuenden Kinder und Jugendlichen eine primär onkologische Erkrankung aufweisen. Zudem hat sich die pädiatrische Palliativmedizin an sich in den 25 Jahren, in denen das Regenbogenland jetzt besteht, stark gewandelt. Unheilbare Erkrankungen mit schweren Behinderungen und fortschreitendem Verlauf erstrecken sich oft über viele Jahre. Erkrankungen oder Hirnverletzungen mit schwerer Behinderung haben oft lange Zeit einen recht stabilen Verlauf. Trotz der insgesamt verkürzten Lebenserwartung ändert sich der Gesamtzustand über Jahre oft nur wenig oder nur sehr schleichend. Bei Kindern mit Tumorerkrankung oder unheilbarer Leukämie ist dies naturgemäß anders. Sie haben oft nur noch eine kurze Lebensspanne vor sich, wenn die ursprünglich mit kurativer Intention begonnene Therapie in ein palliativmedizinisches Konzept umgewandelt werden muss. Sie haben oft intensivste Chemo- und Immuntherapien, häufig auch eine Stammzelltransplantation erfolglos durchlebt und verbrachten Wochen oder gar Monate im Krankenhaus. Die Eltern wie auch das Kind sind sich sehr wohl bewusst, dass die verbleibende gemeinsame Lebensspanne sich in sehr überschaubarem Rahmen bewegt. Hieraus resultieren ganz besondere Bedürfnisse und Notwendigkeiten – in der Mehrzahl der Fälle wollen die Eltern mit ihrem Kind die verbleibende gemeinsame Zeit zuhause verbringen. Sie benötigen nur in ausgewählten Fällen die unterstützende Betreuung in einem Kinderhospiz.

Diese Umstände mögen vielleicht helfen zu verstehen, warum sich erst im Laufe der letzten Jahre die Zusammenarbeit beider Institutionen so dynamisch entwickelt hat und ich erst relativ spät verstanden habe, welch großer Schatz und welche Unterstützung das Kinderhospiz Regenbogenland für unsere Kinder und Familien bedeutet.

Trotz der in den letzten Jahren angesprochenen großen Erfolge in der Kinderonkologie verbleibt auch in meinem Fachgebiet ein immer noch signifikanter Anteil von Kindern, bei denen das kurative Konzept nicht den erhofften Erfolg verspricht. Zwei Abbildungen aus einer aktuellen wissenschaftlichen Arbeit mögen das verdeutlichen.

Man erkennt in verschiedenen Zeiträumen von 1991 bis 2016 für die akute myeloische Leukämie (AML) des Kindesalters eine durchaus sehr positive Entwicklung mit verbessertem Ein-, Drei- oder Fünfjahres-Überleben (Abbildung 1). Hier hat insbesondere die flächendeckende Anwendung der Stammzelltransplantation einen großen Einfluss gehabt. Während Kinder mit AML Anfang der Neunzigerjahre nur zur Hälfte längerfristig überlebt haben, ist dieser Anteil auf über 80 Prozent angestiegen. So erfreulich diese Entwicklung ist, heißt es im Umkehrschluss jedoch auch, dass 15 bis 18 Prozent der Kinder die Erkrankung nicht dauerhaft überleben. Noch deutlicher wird der Bedarf für eine palliativmedizinische Betreuung bei Kindern mit einem aggressiven Tumor des Zentralen Nervensystems (ZNS). Wie man erkennen kann, sind in Deutschland für diese spezielle Tumorart die Verbesserungen der Heilungsrate in den letzten Jahren leider nur sehr begrenzt möglich gewesen (Abbildung 2). Eine substantielle Verbesserung in der Prognose konnte man nur für kleine Subgruppen nachweisen. Im Wesentlichen ist das Gesamtüberleben bei Tumoren des Zentralen Nervensystems nach wie vor unbefriedigend.

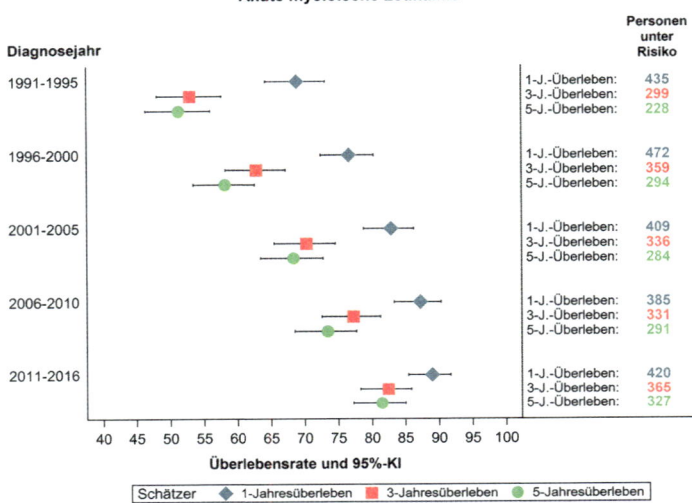

Abbildung 1: Verbesserung der Überlebensrate bei AML (akute myeloische Leukämie)-Patienten

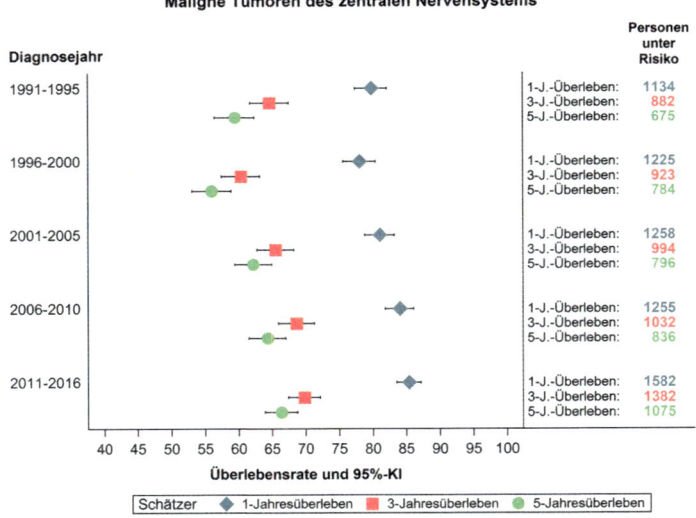

Abbildung 2: Stagnation der Überlebensrate bei ZNS (Zentrales Nervensystem)-Tumorpatienten

Diese Daten basieren auf nicht wenigen klinischen Studien oder stammen gar aus einer einzelnen Klinik; sie fußen auf mehr als 75.000 erfassten Fällen von Krebs im Kindesalter[*]. Die Analysen wurden federführend durch das Deutsche Kinderkrebsregister an der Universität Mainz geleitet, das in den 1980er Jahren gegründet wurde. Diesem Register, das praktisch alle Krebserkrankungen im Kindes- und Jugendalter zentral erfasst, verdankt die Kinderonkologie viel. Es erlaubt zahlreiche Analysen über lange Zeiträume, es ermöglicht die Betrachtung der Krebshäufigkeit in verschiedenen Regionen Deutschlands und es lässt den Einfluss von Umweltereignissen oder anderen Erkrankungswellen (Stichwort Corona-Pandemie) exakt berechnen.

Neben den globalen statistischen Analysen sind es natürlich aber auch in der Kinderonkologie die individuellen Patientenschicksale, die persönlichen Beziehungen zu den Kindern und deren Familien, die einen Arzt prägen und sehr oft auch nicht mehr loslassen. Naturgemäß bleiben einem im Laufe der ca. 30-jährigen Tätigkeit in der Kinderonkologie die geheilten, gesunden Kinder weniger stark präsent als die Kinder, deren Tumor- oder Leukämieerkrankung sich am Ende trotz zahlreicher Therapieversuche als stärker erwies. Für diese Kinder und Jugendlichen ist die Linderung ihrer Beschwerden, die Schmerztherapie, der Umgang mit den Eltern und Angehörigen, der Umgang mit der Wahrheit und das Abschiednehmen Teil der ärztlichen Aufgabe und Verantwortung. Die Menschheit lebt seit Tausenden von Jahren mit der Erkrankung »Krebs«, die ältesten Beobachtungen von Geschwülsten wurden in Mumien lange vor Christi Geburt gemacht. Insofern wird es auch bei aller Anstrengung vermutlich niemals möglich sein, ausnahmslos alle Kinder und

---

[*] Wellbrock M, Spix C, Ronckers CM, et al. Temporal patterns of childhood cancer survival 1991 to 2016: A nationwide register-study based on data from the German Childhood Cancer Registry. *International Journal of Cancer*. 2023;153(4):742-755. doi:https://doi.org/10.1002/ijc.34556

Jugendlichen mit Krebs heilen zu können. Meine Mitarbeitenden und ich sind sehr dankbar, in der fürsorglichen, liebevollen, aber auch professionellen Betreuung dieser Kinder das Kinderhospiz Regenbogenland fest an unserer Seite zu wissen.

# KAPITEL 3

# Botschaften der Hoffnung aus Theologie und Kunst

# Was bleibt ist Licht! – theologische Gedanken zu hoffnungsvoller Gewissheit in dunklen Zeiten des Lebens

*Anne und Nikolaus Schneider*

## 1. Und Gott sprach: Es werde Licht!

*Am Anfang schuf Gott Himmel und Erde. Und die Erde war wüst und leer, und Finsternis lag auf der Tiefe; und der Geist Gottes schwebte über dem Wasser.*
*Und Gott sprach: Es werde Licht! Und es ward Licht. Und Gott sah, dass das Licht gut war. ...*
*Da ward aus Abend und Morgen der erste Tag.*

(Genesis 1,1–5)

*Licht* wird uns in der Bibel als das erste Schöpfungswerk Gottes erzählt. Am Anfang der Genesis, dem ersten Buch der Bibel, erzählt ein poetischer Prolog von Gottes lebensfreundlichen Schöpfungen. Die Sätze dieses Prologs sind kurz und präzise mit rhythmischen Wiederholungen. Der Prolog endet und gipfelt in der Erschaffung des Menschen und der Heiligung des siebten Tages. Doch er beginnt mit der Erschaffung des Lichts. *Licht in der Finsternis* wird von den biblischen Autoren als grundlegende und unverzichtbare Lebensbedingung erfahren und gedeutet.

In der Genesis wird die Existenz Gottes unhinterfragt und unbegründet vorausgesetzt. Und Gott wird als Schöpfer des Lebens und als Liebhaber seiner Schöpfung – im Besonderen auch seiner Menschen – beschrieben. Für die Autoren der Genesis-Texte war Gott keine abstrakte Macht, kein unpersönliches *Prinzip*. Für sie war es angemessen, ›*menschlich*‹ von Gott zu sprechen, denn der Mensch wurde geglaubt als ›*geschaffen nach dem Bild Gottes*‹ (vgl. Genesis 1, 27). So erzählen die Texte der Genesis, dass Gott *spricht, sieht, umhergeht, hinabsteigt* und mit seinen Menschen *Kontakt sucht und hält* (vgl. dazu: Die Tora in jüdischer Auslegung, herausgegeben von Gunther Plauth, Genesis, Gütersloher Verlagshaus, 5. Auflage 2016, S. 71–75). Manche dieser ›*Anthropomorphismen*‹, also der menschlichen Beschreibungen Gottes, bereiten uns Heutigen Probleme – auch wenn wir – Autor und Autorin dieses Buchbeitrags – an dem in der Genesis bezeugten Glauben festhalten: Gott ist der Schöpfer des Himmels und der Erde. Licht in der Finsternis und alles irdische Leben verdanken sich seiner Schöpferkraft. Und dieser Schöpfer-Gott sucht, will und hält Kontakt zu seinen Menschen. Auch unser Leben heute, unser Licht und unsere Dunkelheiten sind in Gott geborgen und bewahrt.

Gerade in diesen biblischen Glaubensgewissheiten werden wir Menschen aber mit vielen offenen Fragen konfrontiert – mit offenen und immer neuen Fragen nach einem heute angemessenen Reden von Gott und nach einem *widerständigen Gottvertrauen* in unserer säkularen Welt mit ihren Krisen und Dunkelheiten. Theologisch-theoretisch, aber auch persönlich und konkret fokussieren wir uns dabei in diesem Buchbeitrag auf die Frage:

**Wie können wir in den Dunkelheiten unseres irdischen Lebens an der widerständigen Gewissheit festhalten: »Was bleibt ist Licht!«?**

Diese Frage lässt sich *nicht abstrakt, nicht einer oder eine für alle* und auch *nicht ein für alle Mal* beantworten. Denn diese Frage muss die je *konkreten* Lebenserfahrungen der Fragenden verarbeiten. Und man kann dabei konkrete Ängste, Zweifel, Verzweiflung, Trauer und enttäuschte Hoffnungen nicht aussparen. Im Ringen um die Gewissheit »*Was bleibt ist Licht!*« gibt es keine überall, allzeit und für alle *wahren* Antworten.

»*Was bleibt ist Licht!*« – diese Gewissheit wurde und wird von uns Menschen immer neu angefochten. Weil konkrete Lebenserfahrungen die lichtvolle Lebensmacht Gottes in der irdischen Realität immer neu zu falsifizieren scheinen. Und auch ein widerständiges Gottvertrauen ist keine Versicherung gegen Krisen und Dunkelheiten im Leben – so sehr wir uns das auch erhoffen und wünschen.

Krisen und Dunkelheiten haben auch unser Leben geprägt und begleitet – unser ›kleines‹ privates Leben wie auch unser Verwobensein in den ›großen‹ gesellschaftlichen und weltpolitischen Bezügen: Vor fast neunzehn Jahren starb Meike, unsere jüngste Tochter, an Leukämie. Seit mehreren Jahren leben wir beide mit einer Krebserkrankung. In den letzten Jahren und Monaten erleben und erleiden wir verstärkt, dass lebensbedrohende Krankheiten, Abschiede und Beerdigungen von Freunden und Weggefährtinnen eine Begleitmelodie unseres fortgeschrittenen Alters sind. Und nicht zuletzt verunsichern und erschrecken uns jeden Tag neu Bilder und Nachrichten von Klima- und Naturkatastrophen, von Kriegen, Missbrauch und Gewalt, von Kinderarmut, Flüchtlingselend, Fremdenfeindlichkeit und Antisemitismus.

Warum wurde bei alledem unser Grundvertrauen in Gottes Lebensmacht und Liebe nicht zerstört? Warum konnten und können wir weiter an der hoffnungsvollen Gewissheit festhalten: »*Was bleibt ist Licht!*«? Trotz vieler enttäuschter Hoffnungen, trotz unerhörter Gebete, trotz immer neuer Ängste und trotz der Vergeblichkeit so vieler menschlicher Bemühungen? Auf diese Fragen können wir nur persönlich gefärbte *Antwort-Impulse* geben. Kraft- und Inspirationsquellen für unsere Antwortimpulse sind uns *Texte – biblische Texte –* und auch neuere *Texte von Theologinnen und Theologen.* Einige dieser Texte begleiten auch diesen Buchbeitrag.

## 2. Die Zumutung: Trotz und mit Gott erleben und erleiden Menschen Finsternis

*»Im Anfang war das Wort, und das Wort war bei Gott, und Gott war das Wort.*
*Dasselbe war im Anfang bei Gott. Alle Dinge sind durch dasselbe gemacht,*
*und ohne dasselbe ist nichts gemacht, was gemacht ist.*
*In ihm war das Leben, und das Leben war das Licht der Menschen.*
*Und das Licht scheint in der Finsternis, und die Finsternis hat's nicht ergriffen.«*

(Johannes 1,1–5)

Wie die Genesis so beginnt auch das Johannesevangelium mit einem poetischen Prolog. Dieser Prolog mutet Menschen die Erkenntnis zu: Dank Gottes lebensfreundlicher Schöpfung und dank Jesu Leben, Sterben und Auferstehen ist die Macht von Finsternis und Dunkelheit für das irdische Leben zwar gebrochen, aber noch nicht endgültig überwunden. Auch ein widerständiges Gottvertrauen garantiert uns Menschen kein durchgängig Licht-volles und Leid-freies Leben: Trotz und mit Gott erleben und erleiden Menschen Finsternis.

Dass Gott unsere Gebete um Heilung der Leukämie unserer Tochter nicht erfüllen wollte (oder nicht konnte?), war unser beider tiefste persönliche Dunkelheitserfahrung. Meike wollte ihre und wir wollten unsere Hoffnung auf Gottes lichtvolle Gegenwart nicht aufgeben. Aber wir mussten in diesen Zeiten immer neu enttäuschter Hoffnungen immer neu um die Gewissheit kämpfen: *Was bleibt ist Licht!*

Meike und wir haben uns der inneren Finsternis von Todesängsten stellen müssen. Meike liebte das Leben auf dieser Erde – auch trotz und mit ihrer Krankheit. Sie wollte ihr Leben tanzen, wollte ein Licht Gottes sein und dabei »steinalt« werden. Meike war 22 Jahre jung, als sie und als wir den Kampf um ihr irdisches

Leben verloren haben. Als klar war, dass auch die Knochenmarktransplantation Meikes Leukämiezellen nicht nachhaltig abgetötet hatte, schrieben Meike und Anne einander Briefe, obwohl sie sich täglich sahen. Beim Miteinander-Reden konnten sie ihre Tränen und ein verzweifeltes Weinen zu wenig zurückhalten. Meike schrieb fünf Wochen vor ihrem Tod:

*Ich dachte immer, ich hätte keine Angst vor dem Tod, sondern nur vor dem Sterben – doch phasenweise gelingt es mir nicht, zuversichtlich zu bleiben, und ich weiß nicht mehr, ob ich an Gott glaube. Warum gibt er mir nicht wenigstens das Gefühl, bei ihm aufgehoben zu sein, irgendeine Sicherheit? Und doch bete und bitte ich und nehme die Augenblicke, in denen wir noch lachen und singen können, als Geschenk wahr, als Gottesgeschenk. Doch im Schmerz kann ich ihn – zumindest in den letzten Tagen – nicht finden, und das macht mich traurig und wütend. Ich glaube, aber ich habe gleichzeitig Zweifel an allem, was uns durch Christus gesagt wurde. Glaube kann Berge versetzen, aber Krebszellen abtöten kann er wohl nicht. …*

Anne versuchte Meike damals mit der Erinnerung an die Todesangst Jesu in Gethsemane zu trösten. Sie schrieb:

*Meike, du weißt ja, dass ich mit der Christologie und Kreuzestheologie so einige Schwierigkeiten hatte und habe. Aber in meinem Gedankenwust, der in meinem Kopf kreist, gibt es zwei Stränge, die mir tröstlich und wichtig werden:*

*1. Auch Jesus, von dem wir sagen, dass er Gott und Mensch zugleich war, und von dem auch ich zumindest glaube, dass er in ganz besonderer Weise vom Geist und der Kraft Gottes bewegt und getragen war, auch Jesus hatte Angst vor dem Sterben und dem*

*Tod. Er hat in Gethsemane Blut und Wasser geschwitzt und hat gebetet, Gott möge diesen Kelch an ihm vorübergehen lassen … und Jesus hat am Kreuz geschrien: »Mein Gott, warum hast du mich verlassen.« Ostern und Auferstehung waren nicht Gottes Belohnung für Jesus, weil er so furchtlos und tapfer gestorben ist …*

*2. Die Erkenntnis von Paulus, dass die Liebe größer ist als Glaube (Vertrauen in Gott) und Hoffnung (dass Gott alles gut machen wird), ist für mich in den letzten Tagen und Nächten spürbar wahr. Mein Glaube und mein Hoffen haben tiefe Risse, nicht aber meine Liebe zu Dir und zum Leben. Ich tröste mich mit dem Satz »Wer in der Liebe bleibt, der bleibt in Gott« über meine Gottesferne hinweg. … Ich glaube ganz fest, dass diese Liebe von uns zu dir und von dir zu uns die uns im Moment tragende Form von Gottesnähe und Gottesgegenwart ist.*

*Trotzdem bete und wünsche ich, dass du – und dass auch ich – bald auch wieder diesen Mehrwert Gottes über unsere zwischenmenschlichen Beziehungen hinaus spüren und glauben können.*

Diese zwei Gedankenstränge sind uns auch heute – fast 19 Jahre nach Meikes Sterben – immer noch wichtig. Heute, wo wir immer noch und immer wieder Gottes lichtvolles Eingreifen in Menschenschicksale vermissen. Und wir vermissen Gottes Licht oft auch im politischen Weltgeschehen wie gerade jetzt angesichts all der Zerstörung und der Opfer des Ukrainekrieges. Immer weniger glauben wir an ein direktes Eingreifen Gottes in die Dunkelheiten des irdischen Lebens. Gottes lichtvolle Wirkungsmacht auf dieser Erde glauben und erkennen wir zunehmend nur in nicht aufzulösenden Bindungen an das Denken, Reden und Handeln von Menschen.

Dietrich Bonhoeffer hat in der Finsternis des nationalsozialistischen Terrors die Zumutung Gottes in seiner Gefangenschaft so auf den Punkt gebracht: »*Gott ist ohnmächtig und schwach in der Welt und gerade und nur so ist er bei uns und hilft uns.*« (Dietrich Bonhoeffer, Widerstand und Ergebung, Gütersloh 1998, S. 534)

Als sich der Lebenshorizont unserer Tochter Meike in den Wochen vor ihrem Tod immer weiter verengte, als sie sich gefangen und ausgeliefert fühlte an ihr Krankenhausbett, an Infusionsschläuche, an Schmerzen und Todes-Ängste: da waren es Dietrich Bonhoeffers Texte aus seiner Gefängniszeit, nach denen Meike verlangte. So auch dieses Morgengebet, das Bonhoeffer für sich selbst und seine Mitgefangenen formuliert hatte:

*Gott, zu dir rufe ich am frühen Morgen,*
*hilf mir beten und meine Gedanken sammeln; ich kann es nicht*
*allein.*
*In mir ist es finster, aber bei dir ist das Licht.*
*Ich bin einsam, aber du verlässt mich nicht.*
*Ich bin kleinmütig, aber bei dir ist die Hilfe.*
*Ich bin unruhig, aber bei dir ist Frieden.*
*In mir ist Bitterkeit, aber bei dir ist die Geduld.*
*Ich verstehe deine Wege nicht, aber du weißt den Weg für mich.*[*]

Alle theologisch-dogmatischen Antworten auf die »Theodizee-Frage«, also auf das Fragen nach Gottes gerechter und liebevollen Lebensmacht, bleiben unzulänglich angesichts des konkreten Leidens konkreter Menschen. Menschen erlebten es zu allen Zeiten als eine der großen Zumutungen Gottes, dass er nicht durch ein direktes Eingreifen für Gerechtigkeit und Frieden im Weltgeschehen sorgt. Dass er Menschen, die ihr Leben vertrauensvoll an ihn binden und ihr Denken und Handeln an seinem Wort und seinen Geboten ausrichten, nicht schon in ihrem irdischen Leben vor dem Bösen und

---

[*]  Dietrich Bonhoeffer, *Widerstand und Ergebung*, Gütersloh 1998, S. 204 f.

vor abgrundtiefer Finsternis bewahrt.

**Wo ist Gottes lichtvolle Lebensmacht? Und: Warum lässt Gott dieses Unrecht, dieses Sterben, diese Gewalt und diese Finsternis zu?**

Diese Fragen sind so alt wie das menschliche Nachdenken und Reden über Gott. Davon erzählt schon die Bibel. Und keine der konkreten Antwortversuche – die biblischen ebenso wenig wie alle nachgeordneten theologischen Abhandlungen – haben es vermocht, solche »Theodizee-Fragen« zum Schweigen zu bringen.

Der Jude und Philosoph Hans Jonas (1903–1993), dessen Mutter im Konzentrationslager Ausschwitz ermordet wurde, reflektierte in seinem Spätwerk die Theodizee-Frage im Blick auf den Holocaust. Er kam dabei – ähnlich wie Dietrich Bonhoeffer – zu der Erkenntnis: Um in den Dunkelheiten unseres irdischen Lebens überhaupt noch angemessen von Gott zu reden und auf Gott vertrauen zu können, müssen wir die Vorstellung von der Allmacht Gottes im Weltgeschehen aufgeben. Gott steht zwar in Kommunikation zu seiner Schöpfung, aber er vermag auf das Weltgeschehen keinen direkten Einfluss zu nehmen. Verantwortung für das Böse und die Dunkelheit der Welt trägt allein der Mensch (vgl. dazu Hans Jonas, Der Gottesbegriff nach Ausschwitz. Eine jüdische Stimme, Suhrkamp Frankfurt am Main 1987).

Anders als Hans Jonas und anders als Dietrich Bonhoeffer halten wir in dieser Frage (bislang?) in unserem Gottvertrauen daran fest, dass alles Leid, alles Unrecht und alle Dunkelheiten dieser Welt im Machtbereich Gottes liegen – dass Gott also direkt und wirkmächtig eingreifen könnte. Ein ohnmächtiger Gott, der nur mitleiden kann, wenn Menschen leiden, ist nicht die Basis unseres Dennoch-Vertrauens in Gott. Noch größere Probleme macht uns allerdings die Vorstellung eines mitleidlosen Gottes, der Krankheit und Leid erbarmungslos einsetzt, um Menschen zu erziehen oder zu prüfen. Auch dieses Gottesbild kann nicht tragender Grund unseres Gottvertrauens sein. Unser widerständiges Vertrauen zu Gott gründet in einem *widersprüchlichen und dialektischen Zusammenhalten* von Gottes grenzenloser Macht und Gottes konkreter Ohnmacht.

Bonhoeffer wollte und konnte in seinem letzten Lebensjahr diesem widersprüchlichen Zusammenhalt von Gottes Macht und Gottes Ohnmacht im Blick auf den Terror und die Millionen Opfer des Nationalsozialismus keine theologische Bedeutung mehr zubilligen. Und das gilt auch für Hans Jonas in seinem Blick auf die Opfer des Holocaust. Für Bonhoeffers Gottvertrauen im Gefängnis wurde die Konzentration auf die theologische Einsicht von Gottes Ohnmacht im irdischen Christus maßgebend:

> *Gott lässt sich aus der Welt herausdrängen ans Kreuz. Gott ist ohnmächtig und schwach in der Welt und gerade und nur so ist er bei uns und hilft uns. Es ist … ganz deutlich, dass Christus nicht hilft kraft seiner Allmacht, sondern kraft seiner Schwachheit, seines Leidens!*[*]

Bliebe uns aber diese theologische Konzentration Bonhoeffers auf Gottes Ohnmacht im irdischen Weltgeschehen als allein und allgemein gültige widerspruchsfreie theologische Wahrheit stehen, dann wäre der Karfreitag der letztgültige und höchste christliche Feiertag für unser irdisches Leben. Dann wäre das Ostergeschehen nur eine Jenseitsvertröstung für die Dunkelheiten unserer Welt. Dann verlöre die Gewissheit »*Was bleibt ist Licht!*« ihren Hoffnungs-Grund für die Realitäten unseres irdischen Lebens.

Die Fähigkeit und der Mut, die Dunkelheiten und Abgründe im Weltgeschehen und in uns Menschen theologisch nicht zu bagatellisieren oder zu verdrängen, qualifizieren für uns jedes nachhaltige und alltagstaugliche Gottvertrauen. Wir glauben die Welt und den Menschen

---

[*] Dietrich Bonhoeffer, *Widerstand und Ergebung*, Gütersloh 1998, S. 534.

als Gottes gute Schöpfung. Weil wir aber die Welt und uns Menschen als gut und schrecklich zugleich erfahren, kann es für uns theologische Gewissheiten nur auf konkrete Erfahrungen bezogen und damit eben auch nur vielstimmig, vielfältig und widersprüchlich geben.

Gottes Zumutung verweist uns deshalb auf dialektische, also Widersprüchlichkeit integrierende theologische Wahrheiten. Um irdischen Dunkelheiten zu trotzen, braucht unser Gottvertrauen deshalb den theologischen Zusammenhalt von Karfreitag und Ostern.

Es braucht die theologische These der *Zumutung*: **Trotz und mit Gott erleben und erleiden Menschen Gottes Ohnmacht in den Dunkelheiten ihres Lebens.**

Es braucht aber auch die theologische Antithese des *Zuspruchs*: **Trotz und in allen Dunkelheiten ihres Lebens können Menschen Gottes Liebe und Lebensmacht erfahren.**

In diesem widersprüchlichen Gottvertrauen trägt und inspiriert uns auch Bonhoeffers Gedicht *Von guten Mächten wunderbar geborgen*. Sein Gedicht, das er in den Vorweihnachtstagen 1944 für seine Verlobte Maria von Wedemeyer und für seine Familie schrieb. Sein Gedicht, das uns zeigt: Auch bei Dietrich Bonhoeffer sind sein persönliches Gottvertrauen und seine theologischen Einsichten nicht immer eindeutig und nicht unbedingt logisch voneinander ableitbar. Am 19. Dezember 1944 schrieb Dietrich Bonhoeffer aus dem Gestapo-Gefängnis an seine Braut:

*Meine liebste Maria!*
*Ich bin so froh, dass ich Dir zu Weihnachten schreiben kann ...*
*Es werden sehr stille Tage in unseren Häusern sein. Aber ich habe immer wieder die Erfahrung gemacht, je stiller es um mich herum geworden ist, desto deutlicher habe ich die Verbindung mit Euch gespürt. ...*
*Du darfst also nicht denken, ich sei unglücklich. Was heißt denn*

*glücklich und unglücklich? Es hängt ja so wenig von den Um-
ständen ab, sondern eigentlich nur von dem, was im Menschen
vorgeht. Ich bin jeden Tag froh, dass ich Dich, Euch habe und
das macht mich glücklich …*

*Es sind nun fast 2 Jahre, die wir aufeinander warten, liebste
Maria. Werde nicht mutlos! … Hier noch ein paar Verse, die
mir in den letzten Abenden einfielen. Sie sind der Weihnachts-
gruß für Dich und die Eltern und Geschwister.*

*1. Von guten Mächten treu und still umgeben
behütet und getröstet wunderbar, –
so will ich diese Tage mit euch leben
und mit euch gehen in ein neues Jahr;*

*2. Noch will das Alte unsre Herzen quälen
noch drückt uns böser Tage schwere Last,
Ach Herr, gib unsern aufgeschreckten Seelen
das Heil, für das Du uns geschaffen hast.
…*

*7. Von guten Mächten wunderbar geborgen
erwarten wir getrost, was kommen mag
Gott ist bei uns am Abend und am Morgen,
und ganz gewiss an jedem neuen Tag.*

*Sei mit Eltern und Geschwistern in großer Liebe und Dank-
barkeit gegrüßt.
Es umarmt Dich Dein Dietrich*[*]

---

* Zitiert nach: Renate Wind und Michael Kuch, *Dietrich Bonhoeffer und Maria
von Wedemeyer – die Geschichte einer Sehnsucht in Texten und Tönen*, Gütersloher
Verlagshaus 2015, S. 68 f.

Persönlicher Glaube und ein widerständiges Gottvertrauen sind immer mehr als abstrakte theologische Theorien und Einsichten. Deshalb müssen sie nicht immer eindeutig und nicht unbedingt logisch ableitbar und begründbar sein. Auch dann nicht, wenn wir versuchen, die uns tragenden Gottesbilder und Glaubensaussagen vor dem inneren Gerichtshof der Vernunft (Kant) zu verantworten. Ein lebendiges und tragfähiges Gottvertrauen kann unseres Erachtens nicht grundsätzlich einer zweiwertigen Logik folgen, für die es bei allen Gottesbildern und Glaubensaussagen immer und nur ein ›wahr‹ oder ›falsch‹ gibt.

Unser persönlicher Glaube und ein widerständiges Gottvertrauen verlangen vielmehr gerade auch in den Dunkelheiten des irdischen Lebens nach einer konkreten *Ambiguitätstoleranz* – uns selbst gegenüber wie auch gegenüber den für uns gegenwärtig gültigen Gottesbilder und Glaubensaussagen. Das heißt: Wir müssen in den Zumutungen Gottes damit leben und glauben lernen, dass unser Denken, Fühlen und Hoffen sowie auch unsere Gottesbilder und Glaubensaussagen nicht eindeutig, oft vage und manchmal widersprüchlich sind. Aber so halten sie für uns stand.

## 3. Der Zuspruch: Gottes Licht macht Menschen zum Licht für andere

*Ihr seid das Licht der Welt. Es kann die Stadt, die auf einem Berg liegt, nicht verborgen sein. Man zündet auch nicht ein Licht an und setzt es unter einen Scheffel, sondern auf einen Leuchter; so leuchtet es allen, die im Hause sind.*
*So lasst euer Licht leuchten vor den Leuten, damit sie eure guten Werke sehen und euren Vater im Himmel preisen.*

(Matthäus 5,14–16)

Nach dem Matthäusevangelium erweitert Jesus seine Seligpreisungen mit diesem anspruchsvollen Zuspruch an seine Nachfolgerinnen und Nachfolger: *»Ihr seid das Licht der Welt«*. Die Metapher *Licht* wird dabei in Verbindung mit einem Heil-vollen Wirken gedacht. So wie ein Psalmbeter von Gott bekennt: *»Der HERR ist mein Licht und mein Heil«* (Psalm 27,1). Und wie der Evangelist Matthäus im Kapitel zuvor das Bild des Propheten Jesaja von dem Heil-bringenden Licht des Gottesknechtes auf Jesus übertrug: *»Das Volk, das im Finstern sitzt, sah ein großes Licht, und denen, die am Ort und im Schatten des Todes sitzen, geht ein helles Licht auf.«* (Matthäus 4,16)

Wenn Matthäus jetzt uns Christinnen und Christen das *Licht-Sein für die Welt* zuspricht, dann geht es hier um unsere Beauftragung und Befähigung, das Licht Gottes und das Licht Jesu spirituell und säkular – also im Beten und Tun des Gerechten (Bonhoeffer) – für andere zur Wirkung zu bringen.

*»Gott schuf den Menschen zu seinem Bilde, zum Bilde Gottes schuf er ihn; und schuf sie als Mann und Frau.«* (Genesis 2,27) – das ist die grundlegende biblische Zusage für unser Menschenbild. Gott hat uns Menschen eben nicht als willenlose und entscheidungsunfähige Marionetten geschaffen. Nicht als immer nur fremdbestimmte Geschöpfe, die, wenn sie Glück haben, von Gott oder, wenn sie Pech haben, vom Teufel geritten werden.

Nach diesem Menschenbild der Genesis sind wir Menschen dem, was wir vorfinden, und dem, was uns widerfährt, nicht nur ausgeliefert. Wir können und sollen zwischen Licht und Finsternis, zwischen Recht und Unrecht unterscheiden. Wir können und sollen unser eigenes Leben, das Leben unserer Mitmenschen und das Leben der ganzen Schöpfung verantwortlich mitgestalten. Auch um den Preis, dass Menschen uns missverstehen, dass wir mit unseren Ideen und Anliegen unterliegen und erfolglos bleiben, dass wir Fehler machen, dass wir unser und anderer Leben verdunkeln, statt zu erhellen. Also auch um den Preis, dass wir schuldig werden. Die Theologin Dorothee Sölle schrieb dazu:

*Die christliche Tradition sieht den Menschen als schuldfähig an, ja sie erkennt seine Würde darin, dass er schuldig werden kann. Weil er schuldig werden kann, ist er ein Mensch, und nur solange er schuldig werden kann, ist er in vollem Sinn des Wortes ein erwachsener Mensch. Wenn er nur nach bestimmten, ihm vorgegebenen Gesetzen funktioniert, so tritt er sozusagen zurück in die Unschuld des Tieres.** 

Die Erkenntnis, dass Gottes Wort uns nicht für alle Probleme und in allen Dunkelheiten eindeutige konkrete Wege aufzeigt, darf uns nicht davon abhalten, dem Zuspruch Jesu zu folgen und *»Licht für andere«* zu sein.

Meike hat in den zwei Jahren nach ihrer Diagnose bis hin zu ihrem Tod viele lichtvolle Erfahrungen machen und anderen viel Licht vermitteln können.

Sie hat in diesen zwei Jahren ganz intensiv gelebt. Sie hat geschrieben, gemalt, getanzt und geflirtet – selbst im Krankenhaus. Sie hat alte Beziehungen gepflegt und neue Beziehungen geknüpft. Und sie hat auch in ihren Zeiten von Schmerzen, Ängsten und enttäuschten Hoffnungen ihr Gottvertrauen nicht aufgekündigt. Und bei alledem auch unserem Leben, unseren Beziehungen und unserem Glauben viele lichtvolle Impulse gegeben. Meike wurde für uns gerade in diesen zwei Jahren zu einem unerwarteten Licht. An das wir uns dankbar erinnern – wenn auch manchmal unter Tränen.

Leben mit *infauster Prognose* muss keine finstere Lebenszeit sein. Betroffene und Begleitende können trotz aller Ängste, Be-

--------------------------------

\* Dorothee Sölle, *Den Rhythmus des Lebens spüren*, Verlag Herder, Freiburg 2001, S. 42.

einträchtigungen, Schmerzen und offenen Fragen *Licht* wahrnehmen und zu einem *Licht für andere* werden. Es gibt lebenswerte Sterbephasen und es gibt *lichtvolle Orte* für Sterben und Sterbebegleitungen – auch außerhalb der eigenen vier Wände. Viele Hospize und im Besonderen auch das *Kinder- und Jugendhospiz Regenbogenland* schenken Menschen diese Erfahrungen.

Wir können aufgrund unserer Erfahrungen in der Universitätsklinik Essen nur dankbar feststellen: Wir haben das Krankenhaus – einschließlich des Einzelzimmers auf der Intensivstation – als einen guten Ort zum Leben und zum Sterben erfahren. Meike und uns wurden von Ärztinnen, Ärzten und Pflegepersonal neben der medizinischen Kompetenz auch menschliche Anteilnahme und spürbares Interesse an unseren Fragen und Bedürfnissen entgegengebracht. Auf der Hämatologie der Uni-Klinik Essen gab es zusätzlich noch einen Sozialarbeiter und eine Kunsttherapeutin, mit denen Meike ihre Krankheits-Erfahrungen und ihre Sterbens-Ängste besprechen und bearbeiten konnte. Und auch wir als betroffene Eltern haben nicht damit leben müssen, dass das Krankenhauspersonal Sterben und Tod verdrängen oder »entpersonalisieren« wollte. Selbst auf der Intensivstation wurde uns ausreichend Raum gegeben und Raum gelassen, um mit unserer sterbenden Tochter *Leben* zu gestalten. Wir haben damals wahrgenommen: Ein empathisches Durchleben von Sterben und Tod verdunkelt das Leben – für Sterbende, für Sterbebegleitende und für Zurückbleibende. Deshalb gilt gerade für diese Zeit: Es ist gut und es tut gut, wenn äußere Bedingungen sowie fachkompetente und mitfühlende Menschen uns das Leben in dieser schweren Phase erleichtern!

Die Verantwortung dafür, dass nicht Finsternis, also nicht Ängste, Verzweiflung und Schmerzen das Ende eines Lebens dominieren, gehört zu den wesentlichen Aufgaben unserer Gesellschaft, unserer Gemeinschaften und unserer Beziehungen.

Um Licht in dieser schweren Lebensphase wahrnehmen zu können, braucht es einfühlsames und hilfreiches Verhalten vieler einzelner Menschen, etwa von Ärzten, Pflegenden, Seelsorgenden, Angehörigen, Freundinnen und Freunden. Unverzichtbar sind dabei aber auch *fürsorgende Strukturen*, etwa im Blick auf die Palliativmedizin, auf Hospize, Intensivstationen und Krankenhausseelsorge.

Bei alledem aber haben wir wahrgenommen: Vertrauensvolle menschliche Beziehungen sind das Wichtigste! Dietrich Bonhoeffer hat diese nahezu zeit- und situationsunabhängige Erfahrungs-Wahrheit auf den Punkt gebracht:

> *Es gibt aber kaum ein beglückenderes Gefühl als zu spüren, dass man für andere Menschen etwas sein kann. Dabei kommt es gar nicht auf die Zahl, sondern auf die Intensität an. Schließlich sind eben die menschlichen Beziehungen doch einfach das Wichtigste im Leben; daran kann auch der moderne »Leistungsmensch« nichts ändern, aber auch nicht die Halbgötter oder die Irrsinnigen, die von menschlichen Beziehungen nichts wissen.* [*]

Wir brauchen vertrauensvolle Beziehungsnetze, damit wir auch angesichts des Todes Licht wahrnehmen können. Wir brauchen Beziehungsnetze, in denen wir auch angesichts des Todes füreinander Licht sind. Damit uns zuteilwird, was Gertrud von Le Fort so verdichtet hat:

> *Nicht nur der lichte Tag, auch die dunkle Nacht hat ihre Wunder. Es gibt Blumen, die nur in der Wüste gedeihen, Sterne, die nur am Horizont der Wüste erscheinen. Es gibt Erfahrungen der göttlichen Liebe, die uns nur in der äußersten Verlassenheit, ja am Rande der Verzweiflung geschenkt werden.* [**]

---

[*] Dietrich Bonhoeffer, *Widerstand und Ergebung*, Gütersloh 1998, S. 567.
[**] Gertrud von Le Fort, zitiert nach den Losungen der Herrnhuter Brüdergemeine für das Jahr 2023, 26. Juni.

## 4. Die Gewissheit: Was bleibt ist Licht!

*Siehe da, die Hütte Gottes bei den Menschen! Und er wird bei ihnen wohnen, und sie werden sein Volk sein und er selbst, Gott mit ihnen, wird ihr Gott sein; und Gott wird abwischen alle Tränen von ihren Augen, und der Tod wird nicht mehr sein, noch Leid noch Geschrei noch Schmerz wird mehr sein; denn das Erste ist vergangen.*

(Offenbarung 21,3b–4)

Diese biblische Vision des zukünftigen Gottesreiches mag Religionskritikern als fromme Phantasie, fromme Vertröstung oder gar als »Opium fürs Volk« erscheinen – eine berechtigte Kritik, wenn diese Hoffnung unser irdisches Leben und Sterben als belanglos darstellt. Und dabei alle Dunkelheiten des Lebens kleinredet. Darum geht es der Bibel aber keineswegs. Die Bibel blendet Finsternis, Unrecht und Gewalt, Leiden, Sterben und Tod nicht aus. Sie beschönigt und verdrängt nicht, dass unser irdisches Leben durch Kreuzes- und Todeserfahrungen geprägt ist und geprägt bleibt. Aber die Bibel eröffnet uns mit einem Gottvertrauen über den Tod hinaus zugleich eine nachhaltige Kraftquelle, die uns vor hoffnungsloser Dunkelheit und lähmender Verzweiflung bewahrt.

In den biblischen Visionen vom kommenden Gottesreich geht es um die Gewissheit: Auch die Dunkelheiten unseres irdischen Lebens sind in Gott aufgehoben und bewahrt – auch durch den Tod hindurch. Der Tod vermag uns nicht aus den Händen Gottes zu entreißen. Für uns macht diese Hoffnung das krampfhafte Verlangen überflüssig, alles denkbare und jemals erträumte Glück aus unserem endlichen und begrenzten irdischen Leben herausholen zu müssen. In der Hoffnung auf Gottes neue Schöpfung können wir das Fragmentarische, die Endlichkeit und auch all das vorzeitige Sterben des irdischen Lebens annehmen. Denn die Gewissheit des kommenden Gottesreiches schenkt uns die Kraft, schon auf unserer vorfindlichen Erde Lichtzeichen zu setzen. So wie es Kurt Marti in einem Gesangbuchlied verdichtet hat:

*Der Himmel, der ist, ist nicht der Himmel, der kommt,*
*wenn einst Himmel und Erde vergehen.*

*Der Himmel, der kommt, das ist der kommende Herr,*
*wenn die Herren der Erde gegangen.*

*Der Himmel, der kommt, das ist die Welt ohne Leid,*
*wo Gewalttat und Elend besiegt sind.*

*Der Himmel, der kommt, das ist die fröhliche Stadt*
*und der Gott mit dem Antlitz des Menschen.*

*Der Himmel, der kommt, grüßt schon die Erde, die ist,*
*wenn die Liebe das Leben verändert.*

(EG, 153)

Gottvertrauen über den Tod hinaus war und ist uns unverzichtbar, um mit unseren Todeserfahrungen hoffnungsvoll zu leben. Wir brauchen die Gewissheit, dass Gottes Lebens-Macht stärker ist als alle irdischen Todesmächte. Und dass alle Siege von Leiden, tödlichen Krankheiten und Todesängsten nur vorläufige Siege sind. In einer solchen Gewissheit können Menschen hoffnungsvoll leben in und mit allen Dunkelheiten. Und in einer solchen Gewissheit können Menschen füreinander und für andere Licht sein!

In einer solchen Gewissheit konnten wir in der Sterbestunde unserer Tochter ihren Kopf halten, weil wir uns von Gott gehalten spürten. An dem bis dahin dunkelsten Abgrund unseres Lebens und Glaubens gab es für uns ein widerständiges Hoffnungslicht. Wir konnten uns an die Gewissheit klammern: Unsere Toten sind nicht tot. Sie sind verwandelt in die lichtvolle Ewigkeit Gottes hinein. In Gott gehören unsere Toten zu uns und wir zu ihnen. In Gott werden wir ihnen wieder begegnen. *Was bleibt ist Licht!*

# Eine niemals endende Energiequelle

*Meral Alma*

An einem schönen Oktobertag 2018 hatten wir uns im Bastelraum des Kinderhospiz zum gemeinsamen Bemalen von Kleinformaten verabredet. Doch es kam anders. Spontan und voller Tatendrang entschieden wir, gemeinsam mit den Geschwistern von lebensverkürzend erkrankten Kindern und Jugendlichen die Grenzen der Leinwand zu sprengen und direkt den gesamten Bastelraum zu gestalten.

Nicht die mimetische Ausführung, sondern der Ausdruck, die Kraft und Freude waren dabei entscheidend. Denn unser Ziel war, in dem Raum eine besondere Aura zu erzeugen. Die unterschiedlichsten Farben flogen durch die Luft, flossen die Wände herunter und bedeckten auch Teile des Bodens, Steckdosen und so manches Möbelstück.

Zu sehen, was passiert, wenn alle ihre Energien zusammenbringen, um etwas zu erschaffen, war einfach großartig. Und wenn man seitdem diesen Raum betritt, kann man es fühlen: eine sich niemals leerende Energiequelle aus Farbe und positiver Emotion.

Gemeinsam erzeugen Geschwisterkinder und die Künstlerin Meral Alma endlose Energie.

Geschwisterkinder und Künstlerin Meral Alma treten in Aktion.

Künstlerin Meral Alma leitet die Kinder beim Malen an.

Mitten in der Aktion.

Geschwisterkinder und Künstlerin Meral Alma werfen mit Farbe.

Die Geschwisterkinder schaffen einen magischen Ort.

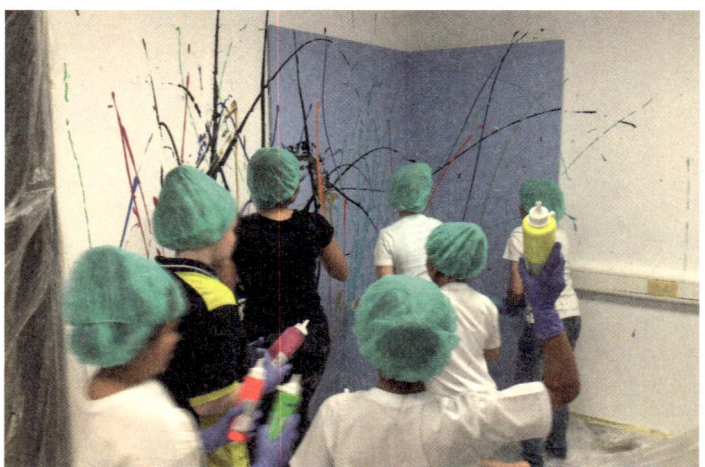

Die erste Farbe wird aufgetragen.

Schon im Prozess ist der Raum voller Energie (und Farbe).

Tara, ca. 100 x 100 cm, Acryl, Öl auf Leinwand, 2020, Meral Alma
Copyright alle Bilder: Meral Alma

## Im Regenbogenland
### von Meral Alma

*Kennst du Tara? Den zaubernden Engel, klar!*
*Sie kann fliegen, höher als ein Sternenpaar.*
*Durch die Zeiten purzelt sie voller Schwung,*
*Und ihre Magie ist wild und jung.*

*Eines Tages spürte sie ein tiefes Verlangen,*
*da erschuf sie einen Zauberwunsch, um es zu erlangen.*
*Sie schickte ihn ins ganze Universum, zu jedem Kind,*
*von weit weg, wo alle Sterne sind.*

*»Auf deinem Weg wünsche ich Dir so sehr*
*einen Schutzmantel, flauschig und weich wie ein Bär.*
*Er trägt dich durch die Zeit und umhüllt dich fein,*
*so sind Schutz und Geborgenheit stets Dein.*

*Da ist noch eine Sache,*
*in Deiner rechten Manteltasche,*
*ein Glückszauberstein,*
*der all Deine stillen Wünsche hört, egal ob groß oder klein.*

*Und in einer kleinen Tonflasche,*
*tief in der anderen Manteltasche,*
*ein funkelnder Magnet,*
*der viele schöne Momente und große Abenteuer anzieht.*

*Einen fabelhaften Schmetterling stelle ich Dir als Freund zur Seite,*
*mit viel Herzreichweite,*
*stärker als ein Drache,*
*hält er Tag und Nacht Wache.*

*Mit bunten Flügeln, die einen Regenbogen weit entfachen,*
*trägt er dich, durch die Zeit und um die Runden,*
*ein wahrer Freund in glücklichen und schweren Stunden.«*

*Das wünscht Tara Dir*
*und darum ist sie jetzt auch hier:*
*Im Regenbogenland.*

# Was bleibt, ist Licht

*Dieter Falk*

*Dein Leben leuchtet wie der Regenbogen,*
*wenn du gehst, erlischt du nicht.*
*Die Wolken sind an uns vorbeigezogen,*
*was bleibt, ist Licht.*
*Dein Leben leuchtet wie der Regenbogen,*
*seine Farben schenken Zuversicht.*
*Die Wolken sind an uns vorbeigezogen,*
*was bleibt, ist Licht.*
*Was bleibt, ist Licht.*

Text: Lothar Veit

Als Musiker und Musikproduzent lebt man über weite Strecken in einer »Schönwetter-Blase«. Eine Komfort-Zone mit interessanten Menschen, unter denen auch einige sind, die sich selbst als sogenannte »Promis« bezeichnen würden. Kreative, mitunter auch etwas verrückte Gestalten, mit denen man Musik macht, Songs schreibt und das Ganze anderen Menschen zu Gehör bringt. Sicher ein spannender Beruf, aber ist er letztlich wirklich wichtig im Vergleich zu anderen? Als Wahl-Düsseldorfer denke ich da im Besonderen an das Team des Kinderhospiz Regenbogenland.

Immer wieder habe ich in meiner beruflichen Laufbahn mit karitativen und diakonischen Werken zusammengearbeitet. Songs komponiert und Auftritte mitgestaltet. Die wunderbare und so wichtige Arbeit des Kinderhospiz Regenbogenland wurde mir vor einigen Jahren durch Menschen in meinem Freundeskreis nähergebracht.

Dabei war ich vor vielen Jahren, während meines Zivildienstes in einem DRK-Kinderkrankenhaus in meiner Heimatstadt Siegen, schon einmal recht nah am Thema dran. Was zwischen Abitur und Musikstudium eigentlich nur als 16-monatiges Intermezzo gedacht war, entpuppte sich als eine prägende Zeit für die eigene Persönlichkeitsbildung. Entscheidend für die Entwicklung vom Jugendlichen zum Erwachsenen.

Wenn ein junger Mensch sterbende Kinder sieht, hinterlässt das einen immensen »Gefühls-Clash« mit vielen Fragen. Also suchte ich das Gespräch. In Nachtdiensten unterhielt ich mich lange mit Mitarbeiter:innen und Angehörigen, um Antworten zu bekommen.

Auch auf die Frage, wie man als Angehöriger mit dem Wissen umgeht, dass ein Kind oder Jugendlicher nur begrenzte Lebenszeit hat. Und fast immer fangen Eltern an, über ihr Kind zu erzählen. Über die vielen intensiven Miteinander-Momente, über gemeinsame Erlebnisse. Aber auch über die Achterbahnfahrt der Gefühle, die Hiobsbotschaft beim ersten Auftauchen der Krankheit, bei der ersten Diagnose und und und. Und oft sind es die Schilderungen über eine ganz besondere Art von intensiver Nähe. Für mich verblüffend und eigentlich unbegreiflich war die Erkenntnis, dass für viele Eltern trotz großer Sorgen und Trauer am Ende LICHT bleibt.

Dieser Gedanke kam mir 44 Jahre später wieder in den Sinn, als ich das gleichnamige Motto des Buchs zum 25. Jubiläum des Kinderhospiz Regenbogenland hörte.

Ich bat meinen Kollegen, den Textautor Lothar Veit, um ein paar Zeilen zum Thema, die ich gerne vertonen würde. Das Resultat dieses Teamworks sehen sie hier.

Nun ist ein Buch nicht das ideale Medium für einen Song, eine hörbare Variante wäre sicherlich besser. Trotzdem möchte ich mit den beigefügten Noten meine Verbundenheit mit dem großartigen Team des Kinderhospizes Regenbogenland zum Ausdruck bringen.

Der eine oder andere ist bestimmt des Notenlesens mächtig und wird sich im Idealfall ans Klavier setzen …

Wer weiß, vielleicht können wir das Ganze ja dann irgendwann zu Gehör bringen.

## Was bleibt ist Licht
### Song für Kinderhospiz Regenbogenland
Text: Lothar Veit, Musik: Dieter Falk

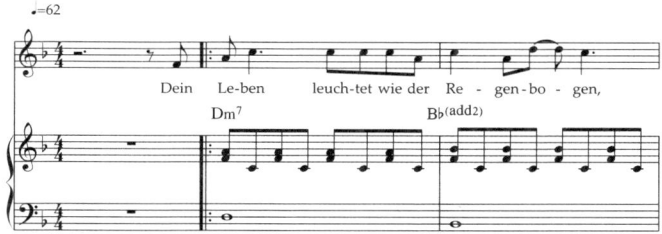

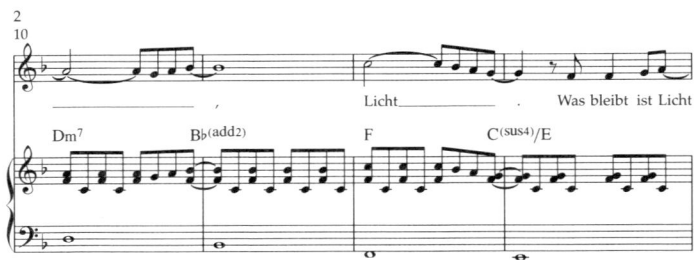

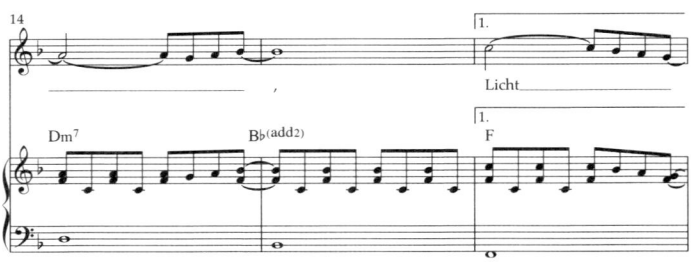

# KAPITEL 4

# Botschaften der Hoffnung aus Politik, Gesellschaft und Wirtschaft

# Freude und Wärme schenken

*Christian Lindner*

Das Schicksal von Kindern und Jugendlichen, die nur eine kurze Lebenserwartung haben, berührt jeden, der ein Herz hat. Als Erwachsene wissen wir, was sie in ihrem Leben nicht erfahren werden. Und welche Trauer für Eltern, Geschwister und Familien damit verbunden ist.

Die Kinderhospizarbeit hat eine große Aufgabe – für die jungen Menschen, die ein Recht auf Liebe und Lebensfreude haben. Sie wollen lachen, singen, spielen und nicht nur mit ihrem Schicksal verbunden werden. Die Familien benötigen Zeit und Aufmerksamkeit für sie, zugleich brauchen Eltern Trost und Kraft. Und nicht im Schatten vergessen werden dürfen die Geschwister.

Die Kinderhospizarbeit mag bei vielen Ängste und Unsicherheiten wecken, verlangt sie doch von uns, sich mit der Endlichkeit des eigenen Seins oder dem unserer Liebsten auseinanderzusetzen. Sie steht – gemessen an ihrer Bedeutung – vielleicht auch deshalb eher im Schatten der öffentlichen Aufmerksamkeit.

Nicht anders erging es mir, als ich im Jahr 2006 auf das Kinderhospiz Regenbogenland aufmerksam wurde. Eine Freundin aus der Nachbarschaft des Hauses brachte mich damals mit ihm in Kontakt. Schon beim ersten Schritt über die Schwelle verflog aber jede Beklommenheit: Denn im Zentrum des Regenbogenlands steht das Leben und die Freude an ihm. Das Engagement der vielen Mitarbeiter und Ehrenamtlichen, die Einfühlsamkeit gegenüber den betreuten Kindern, ihren Eltern, Geschwistern und Familien und die Wärme, die dabei spürbar wurde, haben mich vom ersten Moment an tief beeindruckt.

»Nicht dem Leben mehr Tage, sondern den Tagen mehr Leben zu geben.« Dieser Cicely Saunders entlehnte Gedanke, der dem Leitbild des Regenbogenlandes vorangestellt ist, entfaltet in der Kinderhospizarbeit seine besondere Wirkung – und ist gleichzeitig eine Philosophie, die jeden von uns beflügeln sollte. Mein Respekt davor ist groß, betroffenen Kindern und Jugendlichen ein würdevolles und selbstbestimmtes Leben mit vielen Momenten der Freude und des Glücks zu ermöglichen. Im Bewusstsein und mit der Akzeptanz, dass das Sterben zum Leben gehört, hat das Regenbogenland einen Ort der Empathie geschaffen, in dem die Kinder und ihre Familien ihre gemeinsamen Momente noch intensiver und erfüllender erleben können. Dieses Engagement ist ein großes Glück für die Betroffenen. Und ebenso ist es eine Inspiration, die begrenzte Zeit, die jeder von uns auf dieser Welt hat, noch bewusster zu nutzen.

Bei meinen ersten Begegnungen im Regenbogenland war es neben der Professionalität der hauptamtlichen Mitarbeiter vor allem das große Engagement der Ehrenamtlichen, das mir imponierte und mich ermutigte, einen Beitrag als Mitglied und später als Botschafter des Hauses zu leisten.

Dass der Großteil der geleisteten Arbeit aus Spenden finanziert werden kann, ist ein starkes zivilgesellschaftliches Signal, dass es Solidarität auch jenseits der organisierten Strukturen unseres Sozialstaates gibt. Und es muss auch der Anspruch einer liberalen, offenen und verantwortungsbewussten Gesellschaft sein, dass eine karitative Einrichtung wie das Kinderhospiz Regenbogenland nicht exklusiv vom Wohlwollen der öffentlichen Hand abhängig ist, sondern unmittelbare Unterstützung aus der Gesellschaft erfährt.

Heute ist das Kinderhospiz Regenbogenland eine wahre Institution der Nächstenliebe und als solche aus Düsseldorf nicht mehr wegzudenken. Zum 25. Jubiläum gratuliere ich von Herzen und bin dankbar für die herausragende Arbeit, die hier jeden Tag geleistet wird. Ich wünsche dem Regenbogenland, dass es sein Wirken auch in der Zukunft genauso professionell, tatkräftig, motivierend und einfühlsam fortsetzen und so Kindern, Jugendlichen und ihren Familien ein zweites Zuhause geben kann. Dass es weiterhin Licht in Lebenslagen und Momente bringt, die sonst nur von Trauer bestimmt wären. Und dass es uns gemeinsam gelingt, auch den Schatten zu lichten, in dem die Hospizarbeit selbst für manch einen noch liegt. Dazu kann ein jeder von uns beitragen.

# Damit Kinder Kind sein dürfen

*Hendrik Wüst*

Kind sein bedeutet vor allem: spielen, lachen und Spaß haben, neugierig sein und Neues entdecken, unbeschwert im Hier und Jetzt leben. Was aber, wenn Kinder schwer erkranken? Wenn Schmerz die Unbeschwertheit nimmt? Wenn Sorge vor dem Morgen das Hier und Jetzt bestimmt? Dann breitet sich ein dunkler Schatten aus. Dann geht jede Leichtigkeit verloren. Dann ist es schwer – ja fast unmöglich –, Kind zu sein.

Engagierte Frauen und Männer haben vor 25 Jahren entschieden, sich damit nicht abzufinden. Wenn das Leben von Kindern und Jugendlichen durch eine schwere Erkrankung schon kurz ist, dann sollen sie in diesem kurzen Leben möglichst häufig und möglichst lange Glück, Freude, Liebe und Geborgenheit empfinden. Und deshalb haben diese engagierten Frauen und Männer das Regenbogenland gegründet und seither – im wahrsten Sinne des Wortes – mit Leben gefüllt.

Das Regenbogenland ist ein Haus, das bei aller Schwere ganz viel Platz für Freude und Glück schafft. Bei meinem Besuch im Februar 2023 habe ich das deutlich gespürt. An diesem Tag waren Clowns im Haus und haben Spaß und Lachen verbreitet. In einem Hospiz, wo ich Schwere erwartet habe, konnte ich in strahlende, glückliche Kinderaugen schauen. Ob durch Vorlesepaten, ein Therapiepony, Bastelstunden, Sportangebote oder einen Ausflug ins Wildgehege: Im Regenbogenland geht es immer darum, Kind sein zu können, wenn auch nur für einen Augenblick.

Die Arbeit der Haupt- und Ehrenamtlichen im Regenbogenland ist dabei alles andere als leicht. Kinder und Jugendliche in den Tod hinein zu begleiten, erfordert viel Kraft, Lebensfreude und Liebe. Dieses Engagement ist von unschätzbarem Wert – für die Kinder und Jugendlichen und ihre Familien. Es verdient darum großen Respekt und Anerkennung. Und es bereichert unsere Gesellschaft insgesamt.

Gerade die stationären Einrichtungen sind in vielen Fällen aus privaten Initiativen vor Ort hervorgegangen. Es gibt sie, weil Menschen den großen Bedarf der Familien mit schwerkranken Kindern gesehen und gehandelt haben. Den Gründerinnen und Gründern von Hospizen und allen dort Engagierten können wir für ihre Arbeit gar nicht genug danken. Aber Dank allein reicht nicht. Es braucht Engagement, Spenden- und Hilfsbereitschaft aus der Breite der Gesellschaft. Auch deshalb ist es wichtig, dass der Gedanke der Kinder- und Jugendhospizarbeit weitergetragen wird.

Die Kinder und Jugendlichen im Regenbogenland leiden häufig an sehr seltenen Stoffwechselkrankheiten oder Gendefekten. Darum begrüße ich es sehr, dass die Stiftung sich auch für die Erforschung dieser seltenen Erkrankungen und Therapiemöglichkeiten engagiert.

Der Theologe und Widerstandskämpfer Dietrich Bonhoeffer hat einmal geschrieben:

*»Es gibt nichts, was uns die Abwesenheit eines uns geliebten Menschen ersetzen kann. Aber die Dankbarkeit verwandelt die Qual der Erinnerung in eine stille Freude. Man trägt das vergangene Schöne […] wie ein kostbares Geschenk in sich.«*

Das Kinder- und Jugendhospiz Regenbogenland sorgt jeden Tag dafür, das kurze Leben von Kindern und Jugendlichen mit Schönem zu bereichern und damit auch für Familien und Freunde zum kostbaren Geschenk zu machen.

Dafür danke ich von Herzen!

# Auch ein kurzes Leben
# will gelebt werden!

*Armin Laschet*

Ein französisches Sprichwort aus dem 16. Jahrhundert beschreibt die Aufgaben eines Arztes mit den Worten: »Heilen manchmal, lindern oft, trösten immer!«. Auch in vergangenen Jahrhunderten gehörte der Umgang mit unheilbaren Erkrankungen zum Selbstverständnis des Arztberufes. Nicht alles ist heilbar, vieles kann gelindert werden, aber Trost darf niemals fehlen.

Trost ist dennoch ein unzureichendes Wort, wenn es um das Sterben und den Tod insbesondere der eigenen Kinder geht. Eltern gehen davon aus, dass Kinder sie überleben. Unheilbare und lebensverkürzende Erkrankungen bei Kindern lassen uns deshalb sprachlos und fassungslos zurück. Wenn ein Kind den Tod vor Augen hat und es zu Hause nicht mehr betreut werden kann, dann braucht die ganze Familie einen Ort, an dem sie Zuwendung und Verständnis erfährt.

So ein Ort ist das Kinderhospiz Regenbogenland. 2005 wurde ich in der Landesregierung in Düsseldorf Minister für Generationen, Familie, Frauen und Integration. Meine damalige Büroleiterin Natalia Köhler engagiert sich bis heute im Förderverein des Kinder- und Jugendhospizes Düsseldorf. Sie hat mich auf das Regenbogenland aufmerksam gemacht und eine Verbindung hergestellt, die bis heute besteht. Auch als Ministerpräsident habe ich später das Regenbogenland besucht.

Bei jedem Besuch war ich tief bewegt, mit wie viel Liebe und Aufmerksamkeit die Kinder betreut und in welcher Form Familienangehörige aufgefangen werden. Es berührt mich zu sehen, dass ein

Kinderhospiz ein Ort des Lebens ist. Im Mittelpunkt steht der Gedanke, das kurze Leben dieser noch so jungen Menschen so lebenswert wie möglich zu machen. Die Atmosphäre im Regenbogenland ist hell und freundlich. Es ist ein Ort zum Wohlfühlen. Für alle, auch für Familienangehörige, gibt es zahlreiche Angebote, beispielsweise ein Trauercafé, und auch, wenn ein Kind gestorben ist, endet die Zuwendung für die Eltern nicht.

Dass solche Orte möglich geworden sind, ist vor allem dem Engagement vieler Menschen zu verdanken, beruflich, aber vor allem auch ehrenamtlich. Neben dem Förderverein besteht sogar eine Stiftung, die das Hospiz unterstützt und darüber hinaus auch die medizinische Forschung fördert.

Ich bin sehr froh, dass die Hospizbewegung in den letzten 40 Jahren in Deutschland so große Fortschritte gemacht hat. Ohne bürgerschaftliches Engagement wäre das nicht möglich gewesen. Es ist schmerzhaft, über den Tod und das Sterben zu sprechen. Über Jahrzehnte war Sterben ein Tabuthema. Die moderne Medizin kann das Sterben in Kliniken verlegen. Damit waren die Kliniken aber überfordert, so dass der Tod oft unter unwürdigen Bedingungen eintrat.

Die Hospizbewegung hatte ihre Anfänge in den 1980er Jahren. Viele Menschen suchten nach Alternativen, wie man dem Sterben und dem Tod unter würdigeren Bedingungen begegnen könnte. In Nordrhein-Westfalen wurde dabei Pionierarbeit geleistet. 1983 wurde an der Uniklinik in Köln die erste Palliativstation in Deutschland gegründet. In meiner Heimatstadt Aachen wurde 1986 das Haus Hörn gegründet, das erste Hospiz in Deutschland. Ziel der Hospizarbeit ist es dabei, schwerstkranken Menschen, die den Tod vor Augen haben, die Angst vor dem Sterben zu nehmen, Schmerzen zu lindern und sie nicht allein zu lassen.

Das Land Nordrhein-Westfalen hatte schon in den 1990er Jahren einen Runden Tisch und später eine Arbeitsgemeinschaft Hospiz. Kirchen, Wohlfahrtsverbände und Beteiligte aus dem Gesundheitswesen sowie ehrenamtlich Engagierte tauschten sich aus und vernetzten sich. Seit 1992 fördert das Land auch die Arbeit der Ansprechstellen zur Palliativversorgung, Hospizarbeit und Angehörigenbetreuung (ALPHA). Sie helfen und beraten Betroffene und Angehörige und unterstützen auch Hospize und palliativmedizinische Angebote.

Es ist verständlich, dass die meisten Menschen den Wunsch haben, zu Hause zu sterben. Deshalb liegt ein Schwerpunkt auch auf der ambulanten Versorgung. Oft ist dieser Wunsch aufgrund des intensiven Betreuungsbedarfs aber nicht möglich. Für diese Menschen stehen allein in Nordrhein-Westfalen inzwischen 78 Hospize mit 770 Plätzen zur Verfügung. Darunter befinden sich sechs Kinderhospize mit 34 Plätzen.

In meiner politischen Arbeit ist mir die Unterstützung der Hospizarbeit und der Palliativmedizin stets ein besonderes Anliegen. Der Tod gehört zum Leben, und es wichtig, dass wir unsere Berührungsängste damit abbauen. Keine Erfahrung ist für Eltern allerdings schlimmer als der Tod des eigenen Kindes. Aber auch ein kurzes Leben hat seinen Sinn und will gelebt werden. Es geht darum, in einem geschützten Raum begleitet zu werden, zusammen zu sein und das Leben in den Mittelpunkt zu stellen. Alles andere liegt in Gottes Hand.

Ich bin dankbar für die Arbeit, die das Regenbogenland Düsseldorf seit 25 Jahren leistet. Auch in Zukunft werde ich dieser wunderbaren Einrichtung verbunden bleiben. Sie ist ein Ort des Lebens.

# Unter dem Regenbogen

*Wolfgang Rolshoven*

*Ich kenne einen Engel, der gehört nur zu dir,*
*und wenn du ihn rufst, dann ist er gleich hier.*[*]

Tod und Leben gehören untrennbar zusammen. Ein Satz, den man leicht versteht, der unstrittig wahr ist. Doch das Begreifen hat kaum Wirkung, wenn es um die eigene Betroffenheit geht. Oder die eines Angehörigen. Schon gar nicht bei dem eigenen Kind.

Das Haus des Regenbogenlandes an der Torfbruchstraße in Düsseldorf betritt man nicht einfach so. Die Bezeichnung »Kinder- und Jugendhospiz« löst Befürchtungen aus. Bei mir jedenfalls. Ich dachte: Du kommst mit Leid und Tod auf Tuchfühlung. Willst Du das wirklich? Kannst Du das ertragen?

Das Haus mit der Nummer 25 fällt nicht aus der Reihe, sieht man mal von der überdimensionalen Zufahrt ab. Gleich an der viel befahrenen Straße eine Kleingartenanlage und Wald dahinter. Hinter dem Haus Tennisplätze und manchmal auch Spaßtöne aus einer Sporthalle. Alles deutet auf Leben hin.

Mit Verzögerung erst habe ich begriffen, dass es auch im Hospiz nicht vordergründig ums Sterben, sondern ums Leben und Erleben geht. Das Leben von Kindern und Jugendlichen, die unter einer lebensverkürzenden Erkrankung leiden. Der Tod also ist in diesem Haus präsenter als anderswo, dachte ich, als ich das Haus betrat. Das ist er wohl.

---

[*] Aus: »Dein Engel« von Andrea Schacht, in: Andrea Schacht, *Engel begleiten Dich. Geschichten für Kinder*, Verlag TOSA, Dresden 2004.

Nein, ein »willkommener Gast« ist er nicht, der Tod. Das lässt Goethe seinen Mephisto im Faust sagen. Die Bezeichnung »Gast« ist unter dem Regenbogen die gebräuchliche Formulierung für alle, die dort einkehren. Der Besucher ist Gast, die dort untergebrachten Kinder sind Gäste und nicht etwa Patienten. Gäste sind auch Eltern oder Angehörige, für die in diesem Haus Zimmer bereitstehen.

Ich durfte auch zu Gast sein. Für ein paar Stunden. Jedes Haus hat eine eigene Sprache, auch dieses Hospiz. Wer das Innenleben gestaltet hat, verdient einen Sonderpreis, dachte ich. Das Leben ist unglaublich bunt, heißt die Überschrift über der Innenarchitektur. Schwarz hat keine Chance; die harmonischen Farben des Regenbogens wirken nicht wie aufgetragen, sonders inszeniert. Sehr behutsam, zurückhaltend.

Offen gesagt: Ich mochte erst einmal nicht glauben, dass das Konzept des gestalteten Optimismus sich würde durchhalten lassen. Jedenfalls nicht bis zu jenem Raum, der Abschiedszimmer heißt. Irrtum. Selbst das Kühlbett in diesem farbigen Raum nehme ich nicht als Bedrohung wahr. Der Abschied vom eigenen Kind steht nicht unter Zeitdruck. Eltern dürfen bis zu sieben Tagen Abschied nehmen.

Niemand versperrt dem Leben den Zugang. Die Architekten haben sogar ein Atrium mit offenem Dach geschaffen. Wenn die Sonne scheint, erleben Gäste unmittelbare Wärme. Und wenn es regnet oder schneit, dann ist das eben auch Leben.

Kranksein und Pflege machen keinen Lärm. Jedenfalls hier nicht. In einem Krankenhaus ist das ganz anders. An der Torfbruchstraße, so spüre ich, konzentriert sich alles auf das Wesentliche. Dass der Tod an diesem Ort seinen Schrecken verliert, hoffe ich, aber ich weiß es nicht. Kinder fühlen mehr, als Erwachsene ihnen zugestehen wollen. Sie sprechen auch so und spielen unbefangen auch dort, wo die Endgültigkeit droht.

Dieses Hospiz vermittelt eine Hoffnung, die sich auch auf Angehörige überträgt: Die »andere Welt« wirkt wie eine Einladung, unter dem Regenbogen weiterzuleben. In der Apostelgeschichte heißt es: Wer bei Gott ist, ist nicht tot, auch wenn er nicht mehr auf Erden lebt. Wer Gott ist und wie er heißt: das bleibt in dem Haus offen. Es gibt im Garten ein Kruzifix, aber nicht in den Gästezimmern. Respekt vor Gläubigen, die keine Christen sind.

Mit Blick auf die Mitarbeiter und Mitarbeiterinnen kommt mir der Begriff »Berufung« in den Sinn. Den rechten Umgang mit dem nahen Tod kann man nicht erlernen. Man muss wohl das Besondere der Aufgabe erspüren: ob als Schwester oder Pädagoge, als Musiktherapeut oder Clown. Letzte Tage wollen erlebbar gemacht sein. Auch mit einem Therapiehund. Ob die Schriftstellerin Andrea Schacht mit ihrem Gedicht »Der Engel« (auch) eine Pflegerin oder einen Pfleger gemeint hat, mag dahinstehen.

Wenn in einem Düsseldorfer Gerichtssaal Geldbußen verhängt werden, kommt das Regenbogenland gut weg. Die Einrichtung wird regelmäßig bedacht, alle Richter kennen die Einrichtung. Von ungefähr kommt das nicht. Sicher: Wenn es um das Wohl von Kindern geht, reagieren wir äußerst sensibel. Spender wie Sponsoren sind leichter ansprechbar. Aber dennoch: In diesem speziellen Fall hat der Bekanntheitsgrad nichts mit Werbung über Social-Media-Kanäle zu tun, sondern mit Leistung. Es hat sich über die Region hinaus herumgesprochen, dass in Gerresheim im Rahmen eines austarierten Konzeptes professionell Betreuung und Begleitung geleistet wird. Für Tage oder Wochen, manchmal auch über Jahre.

An die Hand nehmen, nicht aufdrängen, zuhören, Zeit verschenken, trösten. Trauern auch. Ein sogenanntes Trauerteam versucht, einen unerträglichen Abschied erträglich zu machen und neue Lebenslinien anzubieten. Für Väter und Mütter, oft auch für Geschwisterkinder. Schon bin ich erneut bei dem Begriff »Berufung«. Ich bin fest überzeugt davon, dass Know-how nicht ausreicht, um für einen Engel gehalten zu werden.

Seit 2004 gibt es das Regenbogenland. 2017 ist eine Akademie hinzugekommen. Sie will neben Fort- und Weiterbildung die Themen lebensverkürzende Erkrankungen im Kindes- und Jugendalter, Sterben, Tod und Trauer über Aktionen, Seminare oder Vorträge in die Gesellschaft tragen.

Mutig wagen sich die Köpfe der Akademie an ein heißes Thema heran. Von jeher wird in Kitas und Grundschulen über die Frage gestritten, ob Kinder die Themen Sterben und Tod verkraften können. Manche mögen aus dem eigenen Umfeld erfahren haben, dass Kinder von Bestattungen oft ferngehalten werden, weil man Irritationen oder gar Traumata befürchtet.

Der Satz, dass Leben und Sterben zusammengehören, erfährt hier eine willkürlich gesetzte Altersgrenze. Mit Überzeugung trete ich als Vater von vier Kindern für eine Enttabuisierung des Themas Sterben ein. Kinder verstehen auf ihre Weise. Übrigens auch Tiere tun das.

Unlängst habe ich ein Video gesehen, in dem ein Knirps einen alten, ganz offenbar kranken Mann an die Hand nimmt und ihn quasi festhält. Zwei Monate später war dieser Mann tot. Will sagen: Auch Kleinkinder entwickeln Gespür für Leid oder ein zu Ende gehendes Leben. Längst hat sich die Akademie aufgemacht und sucht Kontakt zu Schulen.

Im Erdgeschoss des Hauses mit der Nummer 25 findet sich ein Raum mit Kennung: »Case Management« steht darauf. Ja sicher: Auch das Regenbogenland will gemanagt sein. Am besten so, dass die Gäste es nicht merken. Bei der Gründung waren Land oder Stadt außen vor – jedenfalls in der Ideenphase. Seit 1998 gibt es schon einen Förderverein. Ich will ihn nicht mit dem schillernden Begriff »prominent« bekränzen. Fakt ist, dass sich damals wie heute ausgewiesene Netzwerker um die Einrichtung kümmern und Sorge um die Finanzen tragen. Ehrenamtlich.

Die Einrichtung Regenbogenland ist teuer. Alle, die dort Verantwortung tragen, stellen die sogenannten Basics nicht in Frage:

Die Gäste sollen sich in Obhut genommen fühlen und darauf vertrauen dürfen, dass 1:1-Pflege stattfinden kann. Der Sparstift hat bei der Pflege Hausverbot.

*»Ich bin dein Engel,*
*gehöre nur zu dir.*
*Und wenn du mich rufst,*
*dann bin und bleib ich bei Dir.«**

So lässt Andrea Schacht ihr Gedicht enden. Wir Düsseldorfer Jonges, deren Präsident ich bin, wollen das wunderbare Regenbogenland auch weiter unterstützen und in diesem Sinne ein bisschen Engel sein.

Wir sind stolz auf das Kinder- und Jugendhospiz Regenbogenland in unserer Heimatstadt Düsseldorf.

---

\* Aus: »Dein Engel« von Andrea Schacht, in: Andrea Schacht, *Engel begleiten Dich. Geschichten für Kinder*, Verlag TOSA, Dresden 2004.

# Jedes Leben ist ein Werk

*Andreas Ehlert*

Seit 25 Jahren ist das Regenbogenland ein Ort der Wärme, der Lebensfreude und der Geborgenheit. Ich erinnere mich noch genau an meinen ersten Besuch im Hospiz: ein Erlebnis, das mich auf ganz andere Weise beeindrucken sollte, als ich es vorher für möglich gehalten hätte. Denn die Erwartungen, die mit einem Ort des Abschiednehmens verknüpft sind, kreisen oft um Begriffe wie Stille, Trauer, Schmerz. Sie gehören ohne Frage dazu, wenn wir einen geliebten Menschen gehen lassen müssen. Aber sie sind nur ein Teil des Spektrums der Gefühle, das ich im Kinder- und Jugendhospiz erlebt habe.

Das Regenbogenland ist vor allem ein Ort des Lebens. In seinen Räumen wird gelacht, es wird musiziert und gemalt, flauschige Gäste auf vier Pfoten kommen zu Besuch, die gestreichelt werden wollen. Ein kleines Paradies, mitten in Düsseldorf. Das alles wäre ohne ein irdisches Team, ohne die vielen Mitarbeiterinnen und Mitarbeiter des Regenbogenlandes, nicht denkbar. Jeden Tag schaffen sie für die erkrankten Kinder und Jugendlichen und für ihre Familien helle Augenblicke – auch in den dunkelsten Stunden.

## Raus aus dem Tabu, rein ins Leben

Das Wissen um die Hospizarbeit und welche Bedeutung sie nicht nur für den Einzelnen, sondern für die Gesellschaft insgesamt hat, wächst stetig. Das ist eine gute Nachricht. Sie ist das Ergebnis jahrzehntelanger Aufklärungsarbeit, die zum überwiegenden Teil von ehrenamtlich Engagierten getragen wird. Dabei geht es nicht allein darum, den Hospizgedanken in die Öffentlichkeit zu tragen, über Angebote und Antragswege zu informieren. Es geht vor allem darum, einen Zugang zu den Themen Sterben und Tod zu ermöglichen. Denn dass wir uns intensiver damit auseinandersetzen müssen, wie wir unser Lebensende gestalten möchten, liegt auf der Hand. Aktuelle Befragungen zeigen, dass sich eine Mehrheit der Menschen in Deutschland genau das wünscht.

Oft wird in diesem Zusammenhang auf die alternde Bevölkerung und auf die absehbare Zunahme pflegebedürftiger Menschen in den nächsten Jahren verwiesen. Eine neue Sterbekultur, ein neuer Umgang mit dem Tod erfordert aber eine ganzheitliche Betrachtung. Kinder und Jugendliche müssen durch entsprechende Bildungsangebote frühzeitig an das Thema Sterben herangeführt werden. Nicht zuletzt, weil auch sie selbst im Fall einer lebensverkürzenden Erkrankung eine Zuwendung auf Augenhöhe erleben sollten – durch junge Hospizbegleiterinnen und -begleiter, die Ansprechpartner bei Sorgen und Ängsten sind. Wenn die Sensibilisierung bereits im Kindesalter ansetzt, dann ist das ein Gewinn für Betroffene und ehrenamtliche Helfer gleichermaßen.

## Die eigene Geschichte schreiben

Wir müssen uns auch verstärkt damit auseinandersetzen, wie wir in Zukunft über den Tod sprechen wollen. Stirbt eine Person in hohem Alter, so ist meist von einem »langen, erfüllten Leben« die Rede. Wir blicken auf ein »Lebenswerk« zurück. Ein Tod in jungen Jahren erscheint uns hingegen »sinnlos« – »viel zu früh« wurde ein Mensch dann »mitten aus dem Leben gerissen«. Aber kann nicht auch ein kurzes Leben ein erfülltes sein? Hinterlassen nicht auch Kinder und Jugendliche ein Lebenswerk, wenn sie sterben?

Jedes Leben ist doch auf ganz individuelle Weise ein Werk, das geschaffen wird. Ein Produkt der kreativen Schöpfung. Gerade deshalb legt das Regenbogenland so großen Wert darauf, die kreativen Kräfte seiner Bewohner zur Entfaltung zu bringen. Ob sie Klänge erzeugen oder mit bunten Farben ein weißes Blatt Papier füllen: Sie gestalten etwas Neues und Einzigartiges. Sie erzeugen Sinn und empfinden dabei Glücksmomente. Sie erschaffen ihr eigenes Werk.

Im Handwerk ist uns dieser Gedanke sehr nah. Wir wissen um die positive Wirkung auf das Wohlbefinden, die aus dem kreativen Handeln folgt. Wer ein Handwerk ausübt, fragt am Ende des Tages nicht nach dem Sinn seiner Arbeit. Selbstverwirklichung ist quer durch alle Gewerke gelebte Realität. Auch das ist eine Parallele zur Hospizarbeit.

Schließlich gehören Selbstbestimmung und Selbstverwirklichung zu den obersten Zielen der Hospizbewegung. Unsere Gesellschaft verknüpft diese Begriffe häufig mit der Vorstellung von maximaler Freiheit und Unabhängigkeit, von den unbegrenzten Möglichkeiten, das eigene Leben zu gestalten. Wer aufgrund einer Erkrankung körperlich eingeschränkt und auf die Unterstützung anderer angewiesen ist, dem wird die Fähigkeit zur Realisierung der eigenen Wünsche häufig abgesprochen. Dabei hat Selbstverwirklichung viele Facetten. Sie kann sich darin äußern, persönliche Gegenstände und Möbel ins Hospiz mitzunehmen, um dem Zimmer eine persönliche Note zu verleihen. Selbstverwirklichung heißt aber auch, das eigene Sterben, den eigenen Tod und die eigene Trauerfeier selbstbestimmt zu gestalten.

## Trauer und Tod im Handwerk

Hierbei sind wir alle, wie so oft im Leben, auf gutes Handwerk angewiesen. Bestatterinnen und Bestatter begleiten den Trauerprozess, gehen auf individuelle Wünsche ein und ermöglichen einen Abschied in Würde. Sie werden für viele Familien zu wichtigen Ansprechpartnern und leisten Beistand, wenn die Überforderung am größten ist. In solchen Momenten ist es wichtig, auf hohe Qualität und Kompetenz vertrauen zu können. Die Arbeit mit dem Tod sollte gelernt sein. Auch das ist eine Botschaft, die wir noch stärker in der Gesellschaft verankern müssen: Qualität gründet auf Qualifizierung. Dabei sollte es keine Rolle spielen, ob es um den Umgang mit lebenden oder verstorbenen Menschen geht.

Die »Experten zwischen Himmel und Erde«, wie sich die Bestatter mit einem Augenzwinkern selbst gerne bezeichnen, leisten zudem einen wichtigen Beitrag, wenn es um einen offeneren Umgang mit dem Thema Sterben geht. Sie führen Schulklassen durch ihre Bestattungsinstitute, lassen Künstler gemeinsam mit prominenten Persönlichkeiten Särge gestalten oder sind als Influencer auf TikTok und Instagram unterwegs. Auf diese Weise holen sie den Tod mitten hinein ins Leben.

Mit dem Tod als Teil des Lebens setzen sich im Handwerk aber nicht nur die Bestatter auseinander. Auch für die Steinmetze gehört der Umgang mit trauernden Angehörigen zum Arbeitsalltag. Aus den Gesprächen mit Hinterbliebenen erwachsen individuelle Kunstwerke, die im besten Fall eine Brücke zwischen dem Verstorbenen und seiner persönlichen Lebensgeschichte bilden. Grabmale schaffen lebendige Orte der Erinnerung an einen geliebten Menschen – schöne Orte, an die man gerne zurückkehrt. Für die Bewältigung des Trauerprozesses ist die filigrane Arbeit der Steinmetze, die manchmal Monate in Anspruch nimmt, von unschätzbarem Wert.

Es gibt aber auch Erinnerungsstücke, die man nah bei sich tragen möchte: ein Fingerabdruck, der in eine Kette eingraviert ist. Ein Diamant, in dem die Asche einer geliebten Person verarbeitet wurde. Ein Erbstück, aus dem ein neues Schmuckstück entsteht. Der Phantasie sind keine Grenzen gesetzt. In liebevoller Arbeit setzen Goldschmiedinnen und Goldschmiede die Ideen der Hinterbliebenen um und schaffen in ihren Werkstätten nicht nur Unikate, sondern auch kleine Trostspender, die die Erinnerung an einen über alles geliebten Menschen greifbar machen.

Das Handwerk ist auf so vielfältige Weise mit dem Tod verbunden, dass man mit den Geschichten darüber ganze Bücher füllen könnte. Auch das ist ein Grund dafür, warum ich mich gerne als Botschafter für das Kinder- und Jugendhospiz Regenbogenland engagiere: weil ich die Selbstverständlichkeit, mit der viele meiner Kolleginnen und Kollegen sich täglich dem Lebensende und der Trauer über den Verlust einer nahestehenden Person widmen, in die Gesellschaft tragen möchte.

## Gemeinsam etwas bewegen

Die Übernahme sozialer Verantwortung und das bürgerschaftliche Engagement vor Ort sind fester Bestandteil der mittelständischen Unternehmenskultur. Corporate Social Responsibility bedeutet für uns im Handwerk, einfach mit anzupacken. Ehrenamt ist für uns Ehrensache – schon immer. Das verbindet uns auf besondere Weise mit den Hospizvereinen, die von ehrenamtlich Engagierten getragen werden.

Gerade in Zeiten, in denen wir einem Auseinanderdriften der Gesellschaft entschiedener denn je entgegentreten müssen, sollten wir uns den besonderen Wert eines solidarischen Miteinanders vor Augen führen. Allein der Blick auf die beeindruckende Entwicklung des Regenbogenlandes zeigt, wie viel sich in 25 Jahren bewegen lässt, wenn Menschen aus den unterschiedlichsten Bereichen der Politik, Wirtschaft und Gesellschaft an einem Strang ziehen.

Den Menschen in den Mittelpunkt zu stellen – im Leben und im Sterben – muss die Maxime sein, an der wir all unser Handeln ausrichten. Das gilt für die schwerkranken Kinder und Jugendlichen und für ihre Angehörigen gleichermaßen. Eine hinreichende finanzielle Stabilität der Hospizarbeit ist ein wichtiger Faktor, aber sie ist nicht die alleinige Lösung. Was wir brauchen, ist eine neue Sorgekultur, die jedem Einzelnen ein selbstbestimmtes Sterben ermöglicht und die jedem Lebenswerk einen würdigen Schlussakkord setzt.

## Miteinander-Momente schaffen

Wenn ich heute an ein Erlebnis im Regenbogenland zurückdenke, das mir nachhaltig in Erinnerung geblieben ist, dann ist es immer der Blick auf die bemalten Steine im Atrium des Hospizes. Jeder Stein erinnert an ein verstorbenes Kind, an ein einzigartiges Leben voller Liebe, Hoffnungen und Träume. Die Steine haben unterschiedliche Farben und Formen, mal liegen sie ganz nah beieinander, mal sind größere Lücken zu erkennen.

Es ist ein schmerzhafter und schöner Anblick zugleich, weil man jedem einzelnen dieser Kinder so viel mehr Zeit gewünscht hätte, die eigene Geschichte, das eigene Werk fortzuschreiben. Die Steine sind aber auch ein wunderbares Symbol der Unvergänglichkeit, ihre zufällige Anordnung visualisiert das Chaos, das sich Leben nennt.

In diesem Chaos begegnen wir uns als Menschen unterschiedlicher Herkunft, Weltanschauung und Religion, sind uns wie die Steine im Atrium mal näher, mal ferner. Ganz gleich, an welchem Punkt unseres Lebensweges wir stehen: Vom Regenbogenland können wir lernen, achtsam miteinander umzugehen – und dabei viele schöne Miteinander-Momente zu schaffen.

# Die Kinder- und Jugendhospizbewegung – geborgen und getragen im Ehrenamt

*Thomas Köster*

*Dem Regenbogenland Düsseldorf gewidmet*

Als Norbert Hüsson im Jahre 2002 zum Regenbogenland stieß, gab es im Zusammenhang mit dem alten Vorstand »Krach im Gebälk«. Das gute Ansehen des Regenbogenlands drohte beeinträchtigt zu werden. Dem neuen Vorstand Norbert Hüsson gelang es, in relativ kurzer Zeit öffentliches Vertrauen in das Regenbogenland dauerhaft zurückzugewinnen.

Damals war ich mit Norbert auf das Engste in der Arbeit für Mittelstand und Handwerk verbunden. Norbert war geachtetes Mitglied der Vollversammlung und des Berufsbildungsausschusses der Handwerkskammer Düsseldorf. Vorher hatte Norbert sich schon Verdienste erworben als Bundesvorsitzender der Handwerksjunioren Deutschlands. Auch auf europäischer Ebene hatte sich Norbert für die Handwerksjunioren engagiert. Neben seiner Tätigkeit als Handwerksunternehmer hatte Norbert ein großes Pensum ehrenamtlicher Arbeit zu bewältigen. Als ich nun hörte, dass sich Norbert in die Arbeit des Regenbogenlands einbringen wollte, war meine spontane Reaktion: Muss er auch das noch auf seine Schultern laden? Wie kann er das alles überhaupt schaffen? Heute muss ich einräumen: Mit dieser spontanen Zurückhaltung lag ich vollständig falsch.

Konfrontiert mit schwerster Krankheit kleiner Kinder ist die verbreitete Reaktion: Weglaufen! Nicht Hingucken! Die Eltern sind dann allein gelassen und durch die ständige Pflege immer stärker isoliert. Das Regenbogenland aber bleibt »dran«, duckt sich nicht weg und gibt dadurch ein Zeichen für unsere Gesellschaft.

Was hat Norbert als Ehrenamtler seit seinem Dazustoßen zum Regenbogenland nicht alles für das Kinderhospiz auf den Weg gebracht! Norbert hat nicht nur das Vorhandene stabilisiert, sondern neue weiterführende Aktivitätsfelder des Regenbogenlandes angestoßen und direkt in die Wirklichkeit umgesetzt. Herausragend sind die Schaffung beeinträchtigungsgerechter Räumlichkeiten für die betroffenen Kinder und die Gründung der Akademie des Regenbogenlandes. Für das Kuratorium der Akademie gelang es Norbert Hüsson, namhafte Persönlichkeiten wie Dr. Nikolaus Schneider zu gewinnen.

Hoffnungslosigkeit (wenn sie sich breitmacht) ist schwer auszuhalten. Sie drückt aufs Gemüt. Ehrenamtliche und hauptamtliche Mitarbeiter »bei der Stange zu halten«, ist eine schwere Aufgabe. Da muss man sich schon etwas einfallen lassen. Da hilft das neu geschaffene architektonische Umfeld. Das Regenbogenland sieht so gar nicht nach Klinik aus. Sterben wird nicht ausgeklammert. Aber Räume der Achtsamkeit und Meditation erwärmen die Seele von Kindern, Eltern und allen ehrenamtlichen und hauptamtlichen Mitarbeitern. Supervision, das Klima im Haus und die Angebote der Akademie machen deutlich, dass für die Mitarbeiter etwas getan wird.

Norbert Hüsson hat gezeigt, was ein mittelständischer Unternehmer zusammen mit einem hochqualifizierten Team und einem phantastischen Netzwerk alles zustande bringen kann, wenn es darum geht, schwerstkranken Kindern zu helfen und frohe Erlebnisse unter schwierigen Umständen zu ermöglichen. So hat Norbert Hüsson wesentliche Teile des Vierteljahrhunderts Regenbogenland, dessen Jubiläum wir jetzt begehen, entscheidend geprägt. Norbert Hüsson hat beispielhaft für das Kinderhospiz bürgerschaftliches Engagement mobilisiert und immer wieder neu Spendenbereitschaft für eine überragend gute Sache geweckt. Natürlich benötigen die Aktivitäten des Regenbogenlandes auch Geld. Bei der Einwerbung von Spenden ist das Regenbogenland erfolgreich. Dabei hilft auch, dass das Regenbogenland aufgrund einer aktiven Öffentlichkeitsarbeit häufig in den Zeitungen steht. Andere Hospize sind darauf möglicherweise manchmal etwas neidisch. Aber das Schicksal schwerkranker Kinder geht besonders zu Herzen.

Selbst etwas tun und nicht immer nach dem Staat rufen, war Norbert Hüssons Devise. Wenn Norbert Hüsson heute sagt, das Regenbogenland sei sein Herzensprojekt und seine schönste und für ihn berührendste Erfolgsgeschichte, dann können wir als Begleiter am Rande nur zustimmen und Beifall zollen. Dank an Norbert Hüsson und sein ganzes Team! Ohne das große Engagement aller am Projekt Beteiligten stünde das Regenbogenland nicht dort, wo es heute ist.

Regenbogenland – was für ein schöner Name! Als nach der Sintflut der Regen aufhörte und die Arche Noah auf dem Trockenen gelandet war, da zeigte sich der Regenbogen am Himmel als Symbol für einen neuen Frieden zwischen Gott und den Menschen. Das ist auch die Hoffnung für die Kinder im Regenbogenland, ihre Familien und alle Mitarbeiter.

Möge das Regenbogenland im neuen Vierteljahrhundert seine so wichtige Tätigkeit erfolgreich im Dienst der betroffenen Kinder fortsetzen. Gut, dass ich mit meiner anfänglichen Zurückhaltung vollständig falsch lag.

# Über die Autorinnen und Autoren

## Die Herausgeber

© Thomas Buss-
kamp

### Norbert D. **Hüsson**

Norbert Hüsson ist geschäftsführender Gesellschafter eines mittelständischen Handwerkbetriebes und, als öffentlich bestellter und vereidigter Sachverständiger, Inhaber eines Sachverständigeninstitutes. Als seinerzeitiger Bundesvorsitzender der Junioren im Handwerk bereitete er als Impulsgeber die Entwicklung des Meister-Bafög vor. Heute ist er, neben seiner unternehmerischen Tätigkeit, in mehreren Stiftungen ehrenamtlich im Vorstand aktiv und in verschiedenen Unternehmen Mitglied des Beirates. Im Regenbogenland ist er seit 2002 Mitglied und seit 2008 der Vorsitzende des Fördervereins. Der von ihm initiierten und mitbegründeten Stiftung Regenbogenland steht er seit 2015 vor. Sein persönliches Anliegen ist es, die Rahmenbedingungen der betroffenen Familien kontinuierlich zu verbessern und den Gedanken der Kinder- und Jugendhospizarbeit in die Gesellschaft zu tragen.

© Geraldine Klan

## Markus **Kiefer**

Professor Dr. phil. Markus Kiefer, Jg. 1958, arbeitet heute als Selbständiger/Freiberufler: Hochschullehrer/Lehrbeauftragter, Dozent in Weiterbildungseinrichtungen, Publizist, Coach, Consultant. Von 2010 bis 2022 war er ordentlicher Professor für Allgemeine BWL, insbesondere Unternehmens- und Wirtschaftskommunikation.

Er lehrte an der privaten, staatlich anerkannten »FOM – Hochschule für Oekonomie und Management«, Marktführer bei den großen privaten Hochschulen in Deutschland. Schon vor seiner Berufung zum Professor war Kiefer dort ab 2003 durchgängig Lehrbeauftragter für Betriebswirtschaftslehre. Aktuell nimmt er Lehraufträge an unterschiedlichen Hochschulen wahr. Von 2004 bis 2009 war er Leiter und Geschäftsführer des ASG-Bildungsforums (Düsseldorf). Von 1991–2004 Leiter Unternehmenskommunikation und Pressesprecher der Unternehmensgruppe HOPF (Essen) sowie Geschäftsführer des Politischen Forums Ruhr. Parallel arbeitete er in dieser Zeit als Lehrbeauftragter für Politikwissenschaft an der Universität Essen – Duisburg. 1986–1990 war er Wissenschaftlicher Mitarbeiter des Ruhrinstituts für gesellschaftspolitische Forschung und Bildung e. V. (Essen). Kiefer ist Vorsitzender des Wissenschaftlichen Beirats der Akademie Regenbogenland (Düsseldorf).

# Die Autorinnen und Autoren

©Meral Alma

### Meral **Alma**

Meral Alma hat einen Magister-Abschluss der Philosophischen Fakultät der Heinrich-Heine-Universität Düsseldorf und schreibt dort derzeit noch eine Dissertation. Sie studierte von 2010–2018 freie Kunst an der Kunstakademie Düsseldorf. 2014 und 2015 erhielt sie den Förderpreis. 2017 wurde Meral Alma zur Meisterschülerin von Prof. Siegfried Anzinger ernannt. 2018 Abschluss mit Akademiebrief. Sie nahm an zahlreichen Einzel- und Gruppenausstellungen im In- und Ausland, u. a. im Museum K21, im Haus der Universität und in städtischen Galerien teil. Ihre Werke finden sich deutschlandweit in Sammlungen und sind in Banken und öffentlichen Gebäuden dauerhaft installiert. 2021 wurde Meral Alma in den Beirat der Freunde und Förderer der Kunstakademie gewählt und sie wurde die erste weibliche Preisträgerin für Bildende Kunst des, seit 90 Jahren bestehenden, Heimatvereins Düsseldorfer Jonges.

© Universitätsklinikum Düsseldorf

### Arndt **Borkhardt**

Professor Dr. Arndt Borkhardt ist Kinderarzt und Direktor der Klinik für Kinder-Onkologie, -Hämatologie und Klinische Immunologie am Universitätsklinikum der Heinrich-Heine-Universität in Düsseldorf. Er ist zudem stellvertretender Sprecher des Biologischen und Medizinischen Forschungszentrums Düsseldorf (BMFZ), einer Kerneinrichtung für Genomik und Proteomik und Vorstandsvorsitzender der I-BFM-SG (Internationale BFM-Studiengruppe) sowie Mitglied im wissenschaftlichen Beirat verschiedener Förderorganisationen. Seine Forschung zielt auf ein besseres Verständnis der grundlegenden Mechanismen der Leukämieentstehung bei Kindern ab. Insbesondere konzentriert sich sein Forschungsinteresse auf den Einfluss von infektiösen Auslösern in der Pathogenese der B-Vorläuferleukämie im Kindesalter. Er hat u. a. gezeigt, dass eine große Anzahl gesunder Neugeborener (>5 %) eine genetische Leukämie-Veranlagung trägt, ohne in den meisten Fällen eine Leukämie zu entwickeln. Darüber hinaus erforscht er zusammen mit Bioinformatikern neue Algorithmen zur Identifizierung kausaler genetischer Variationen im Zusammenhang mit sporadischer und vererbter Leukämie im Kindesalter. Er hat zusammen mit Kollegen aus ganz Deutschland, insbesondere mit Professor Sauer aus Hannover, die Stammzelltransplantation bei Kindern mit akuter myeloischer Leukämie im Rahmen klinischer Studien untersucht.

© Nadja Melina Burgio

### Nadja Melina **Burgio**

Dr. phil. Nadja Melina Burgio ist Sonderpädagogin (Staatsexamen) und Sprachheilpädagogin (Magister Artium). Sie baute die sprachtherapeutische Versorgung in der Neurologie des Klinikums der Universität München (Standort Campus Großhadern) auf und versorgte Patient:innen der neurologischen Intensivstation, der Stroke Unit und der neurologischen Frührehabilitation. Parallel dazu arbeitete sie mit Kindern, Jugendlichen und Erwachsenen in sprachtherapeutischen Praxen. Im September 2012 wechselte sie an die Humboldt-Universität zu Berlin und ist dort aktuell als wissenschaftliche Mitarbeiterin am Institut für Rehabilitationswissenschaften in der Abteilung Pädagogik bei Beeinträchtigungen der körperlich-motorischen Entwicklung tätig. Forschungsaktivitäten in den Bereichen Neurologische Sprech- und Schluckstörungen (Optimierungsmöglichkeiten in der Dysphagiediagnostik, Analyse von Sprechparametern im Bereich neurologischer Erkrankungen), Unterstützte Kommunikation, Kinder und Jugendliche mit lebensbedrohlichen und lebensverkürzenden Erkrankungen, Trauma. Weiterführende Informationen unter: *https://www.reha.huberlin. de/de/personal/mitarbeiter/1690496*

© Ingo Lammert

### Andreas **Ehlert**

Andreas Ehlert ist selbstständiger Schornsteinfegermeister und Gebäudeenergieberater. Seit 2014 ist er Präsident der Handwerkskammer Düsseldorf und von HANDWERK.NRW, der Dachorganisation des nordrhein-westfälischen Handwerks. Darüber hinaus ist er in zahlreichen weiteren Ämtern und Funktionen aktiv. Aktuell hält er unter anderem den Vorsitz des Aufsichtsrates bei der Handwerksbau Niederrhein AG und der Verlagsanstalt Handwerk GmbH. Er ist Mitglied des Beirates der NRW.Bank sowie stellvertretender Vorsitzender des Mittelstandsbeirates der nordrhein-westfälischen Landesregierung. Als Botschafter für das Kinder- und Jugendhospiz trägt er die wichtigen Anliegen des Regenbogenlandes in die mittelständische Unternehmerschaft.

© Robert Eikelpoth

### Dieter **Falk**

Der Düsseldorfer Komponist und Pianist Dieter Falk gewann mit seinen Plattenproduktionen für Künstler wie PUR, Patricia Kaas, Pe Werner, Roger Chapman & Paul Young mehrfach den ECHO. Über 50 Platin- und Goldene Schallplatten sammelte der 63-jährige Musikproduzent & Arrangeur, der zwei Jahre in der Pro7 »Popstars«-Jury neben Nina Hagen und Detlef »Dee« Soest saß. Als Pianist gewann er u. a. den Jazz-Award mit dem Album »Celebrate Bach«. Seine zusammen mit Michael Kunze geschriebenen Chor-Musicals (zuletzt »LUTHER« & »Bethlehem«) sahen über 400.000 Besucher und starteten mit über 50.000 teilnehmenden Sängern/innen einen neuen deutschen Chor-Boom. Seit 2013 ist Dieter Falk Professor für Musikproduktion an der Düsseldorfer Robert-Schumann-Hochschule und seit 2019 für Popchor-Leitung und Musikproduktion an der HfKM, Regensburg. März 2019 erschien seine Autobiographie »Backstage. Von PUR, Popstars & 10 Geboten«.

© Susanne Kurz

### Nicole **Groß**

Nicole Groß (B.A. Heilpädagogik, B.A. Transdisziplinäre Frühförderung) hat aufgrund ihrer eigenen Behinderung (Kleinwuchs) mehrere Blickwinkel auf das Leben mit einer Behinderung. Seit 2022 ist sie im Kinder- und Jugendhospiz Regenbogenland tätig, ihre Arbeitsschwerpunkte liegen dabei derzeit bei den Gästen mit Erkrankungen und ihren Geschwistern. Zuvor sammelte sie in einer Frühförderstelle Praxiserfahrungen. Aktuell befindet sie sich in der Weiterbildung zur Familientrauerbegleiterin.

© Denny Wehrhold

### Sven **Jennessen**

Professor Dr. phil. Sven Jennessen, Dipl. Heilpädagoge und Sonderpädagoge, Professuren an der HAWK Holzminden und der Universität Koblenz-Landau, seit 2017 Professor für Pädagogik bei Beeinträchtigungen der körperlich-motorischen Entwicklung am Institut für Rehabilitationswissenschaften der Humboldt-Universität zu Berlin; Forschungsschwerpunkte: Lebensverkürzende Erkrankungen im Kindes- und Jugendalter; Pädagogische Perspektiven auf Krankheit, Sterben und Tod, Kinder- und Jugendhospizarbeit, Palliative Care in Einrichtungen der Behindertenhilfe; Pädagogik im Kontext des Förderschwerpunktes körperlich-motorische Entwicklung; Exklusion und Diskriminierung von Menschen mit Behinderung an schulischen und außerschulischen Lebensorten; sexuelle Selbstbestimmung von Menschen mit Behinderung; Körper und körperliche Diversität. Weiterführende Informationen unter: *https://www.reha.hu-berlin.de/de/lehrgebiete/kbp*

### Thomas **Köster**

© Wilfried Meyer

Dr. Thomas Köster, geb. 28.10.1946, verheiratet, 3 Kinder, rk. Abitur 1966 am Walram-Gymnasium in Menden/Sauerland, Diplom-Volkswirt-Examen in Köln 1972, Promotion zum Dr. rer. pol. durch die Wirtschaft- und Sozialwissenschaftliche Fakultät der Universität zu Köln 1984, seit 1972 lange Jahre beruflich tätig für die Handwerksorganisation in zahlreichen Funktionen, u. a. als Hauptgeschäftsführer der Handwerkskammer Düsseldorf und des Nordrhein-Westfälischen Handwerkstags (NWHT).

### Armin **Laschet**

© Laurence Chaperon

Geboren am 18. Februar 1961 in Aachen, verheiratet, 3 Kinder, ist seit 2021 Mitglied des Deutschen Bundestages (Mitglied im Auswärtigen Ausschuss) und seit 2022 Vizepräsident der Parlamentarischen Versammlung des Europarats sowie Vorsitzender des Unterausschusses Abrüstung, Rüstungskontrolle und Nichtverbreitung. Seit 2022 ist Laschet Vorsitzender des Kuratoriums der RAG Stiftung. Zudem gründete er 2022 das Abraham Accords Institute, dessen Vorsitzender er ist. Er ist Lehrbeauftragter an der Universität Bonn. Von 2017 bis 2021 war er Ministerpräsident des Landes Nordrhein-Westfalen und von 2019 bis 2021 der Bevollmächtigte der Bundesrepublik Deutschland für kulturelle Angelegenheiten im Rahmen des Vertrags über die deutsch-französische Zusammenarbeit. Von 2013 bis 2017 war er Vorsitzender der CDU-Landtagsfraktion. Armin Laschet war von 2012 bis 2021 Landesvorsitzender der CDU Nordrhein-Westfalen und von 2021 bis 2022 Bundesvorsitzender der CDU Deutschlands und Kanzlerkandidat. Laschet studierte Rechts- und Staatswissenschaften an den Universitäten München und Bonn. Nach seinem juristischen Staatsexamen 1987 begann er eine Ausbildung zum Journalisten. Von 1994–1998 war er Mitglied des Deutschen Bundestages und von 1999–2005 Mitglied des Europäischen Parlaments. Von 2005–2010 war Armin Laschet Minister für Generationen, Familie, Frauen und Integration des Landes Nordrhein-Westfalen, 2010 zugleich Minister für Bundesangelegenheiten, Europa und Medien.

© Laurence Chaperon

### Christian **Lindner**

Christian Lindner ist Bundesminister der Finanzen, Mitglied des Deutschen Bundestages und Bundesvorsitzender der Freien Demokraten. 1979 in Wuppertal geboren und in Wermelskirchen aufgewachsen, studierte Christian Lindner an der Rheinischen Friedrich-Wilhelms-Universität Bonn Politikwissenschaft, Öffentliches Recht und Philosophie. Noch während seines Studiums wurde er in den Nordrhein-Westfälischen Landtag gewählt, dem er von 2000 bis 2009 als Abgeordneter und von 2012 bis 2017 als Vorsitzender der FDP-Fraktion angehörte. Als Bundesvorsitzender der Freien Demokraten führte er die Partei 2017 zurück in den Deutschen Bundestag und leitete die neue FDP-Fraktion vier Jahre lang als ihr Vorsitzender. Nach der Bundestagswahl 2021 wurde Christian Lindner am 8. Dezember 2021 in der ersten bundesweiten Koalition aus drei Parteien Bundesminister der Finanzen. Dem Regenbogenland ist Christian Lindner seit 2006 verbunden und unterstützt das Kinderhospiz seit vielen Jahren als Botschafter.

## Judy **Machiné** und Gisela **Janßen**

Hallo, ich bin Judy Machiné, Daniels Mutter. Ich wurde in Südafrika geboren und lebe seit 2001 in Düsseldorf. Obwohl ich von Beruf Krankenschwester bin, ist das Erleben, wie eine verheerende Krankheit meinem Sohn über Jahre immer mehr Fähigkeiten nimmt, kaum zu ertragen. Schon früh hatten Daniel und ich Kontakt zum Kinderhospiz. Seit 2008 kenne ich

Judy Machiné, rechts, und Dr. Gisela Janßen,. links
© Judy Machiné

Frau Dr. Janßen und das Kinderpalliativteam »Sternenboot«, das Daniel zu Hause und im Kinderhospiz ständig begleitet. Sie sorgen dafür, dass seine aufwändige Behandlung zu Hause möglich ist. Dr. Gisela Janßen ist Kinderärztin und hat viele Jahre in der Kinderonkologie der Universitätsklinik Düsseldorf gearbeitet. Aus dieser Tätigkeit entstand die Idee, sterbenden Kindern und ihren Familien eine professionelle Versorgung außerhalb der Klinik anzubieten. So wurde 2003 das Kinderpalliativteam »Sternenboot« gegründet. Es bietet eine spezialisierte ambulante Palliativversorgung für Kinder und Jugendliche zu Hause sowie auch im Kinderhospiz an. Gisela Janßen hat in den letzten 30 Jahren zur Entwicklung der Kinderpalliativversorgung in Deutschland maßgeblich beigetragen.

## Evelyn **Meißner**

Evelyn Meißner, Jahrgang 1986, ist geboren und aufgewachsen in Berlin. Nach Abschluss der Mittleren Reife absolvierte sie erfolgreich eine Ausbildung zur Tiermedizinischen Fachangestellten. Im Jahr 2012 erfolgte dann der Umzug nach Düsseldorf und 2015 eine Ausbildung zur Operationstechnischen Assistentin. Seitdem arbeitet sie in dem Beruf. Als sie 2020 mit ihrem dritten

© Melanie Osterried

Sohn Emil schwanger war, erhielt sie die Diagnose Trisomie 18. Trotz schlechter Prognose entschied sie sich für das Weitertragen. Drei Tage nach seiner Geburt verstarb ihr Sohn in ihren Armen. Durch ihre Erfahrungen geprägt, engagiert sie sich für andere Eltern, deren Kinder auch eine lebensverkürzende Diagnose erhalten haben. Evelyn Meißner ist Mutter von vier Kindern und lebt mit ihrer Familie in Meerbusch. In ihrer Freizeit fährt sie gerne Fahrrad, verbringt viel Zeit im Garten und schreibt gerne.

Von links: Egzon Osmani, Konstantin Schrimpf, Marlon T.
© Regenbogenland

### Egzon **Osmani**

Egzon Osmani (29) lebt mit spinaler Muskelatrophie. Seit 16 Jahren ist er ans Regenbogenland angebunden, für ihn ist es wie ein zweites Zuhause, wo er immer wieder gerne ist. Seine Herzensangelegenheit ist seine Rolle als Kinder- und Jugendbotschafter im Regenbogenland. In seiner Freizeit ist er gerne draußen an der frischen Luft, trifft Freunde, geht essen oder ins Kino, guckt Fußball und Dart und spielt Backgammon. Gemeinsam mit seiner Familie lebt er in Bonn.

© Leopoldina

### Stefanie **Ritz-Timme**

Professor Dr. med. Stefanie Ritz-Timme studierte von 1982 bis 1988 Humanmedizin. 1990 erfolgte die Promotion, 1996 die Anerkennung als Fachärztin für Rechtsmedizin. Die Habilitation und Verleihung der Venia Legendi für das Fach Rechtsmedizin schloss sich 1998 an. 2004 erhielt sie den Ruf auf eine C 4-Professur für Rechtsmedizin an die Medizinische Fakultät der Heinrich-Heine-Universität Düsseldorf. Seitdem ist sie auch Direktorin des Instituts für Rechtsmedizin im Universitätsklinikum Düsseldorf. Von 2007 bis 2019 war sie Studiendekanin der Medizinischen Fakultät der Heinrich-Heine-Universität Düsseldorf. Seit 2004 ist sie Mitglied des Vorstandes der Deutschen Gesellschaft für Rechtsmedizin, ab 2014 als erste Vize-Präsidentin, seit September 2019 als Präsidentin der Fachgesellschaft. Preise und Auszeichnungen: Konrad-Händel-Stiftungspreis für Rechtsmedizin der Deutschen Gesellschaft für Rechtsmedizin (2001). Lehrpreis der Heinrich-Heine-Universität Düsseldorf (2009), Universitätsmedaille der Heinrich-Heine-Universität Düsseldorf (2012), Mitglied der Nationalen Akademie der Wissenschaften Leopoldina (seit 2017).

© Wolfgang Harste

**Wolfgang Rolshoven**
Geboren 15.9.1945 in Berlin, seit seinem 2. Lebensjahr lebt er in Düsseldorf-Derendorf, nach Abschluss des Bankbetriebsstudiums Tätigkeiten in leitender Funktion bei verschiedenen Kreditinstituten, 15 Jahre Mitglied des Vorstands einer Regionalbank, seit 1.1.2011 im Ruhestand. Rolshoven war und ist ehrenamtlich aktiv: 1983 bis 1984 Landesvorsitzender der Wirtschaftsjunioren von NRW, von 1978 bis 1994 Handelsrichter am Landgericht Düsseldorf, 1985 bis 1995 Mitglied des Bildungsausschuss DIHT Bonn, von 1986 bis 1989 Mitglied im kreditwirtschaftlichen Ausschuss der IHK zu Düsseldorf, seit 1982 Mitglied des Heimatvereins Düsseldorfer Jonges e.V., Tischbaas der Tischgemeinschaft Wirtschaft von 2004 bis 30.11.2012, danach Mitglied des Vorstandes vom 1.7. bis 30.11.2012 und seit 1.12.2012 Baas der Düsseldorfer Jonges. Er ist seit 2012 Mitglied des Vorstandes der Heinz und Hildegard Schmöle Stiftung, Mitglied der Henkel-Brauchtumsstiftung, Mitglied der Stiftung »Wir für Düsseldorf«, die jährlich an verschiedene gemeinnützige Organisationen Gelder ausschüttet, sowie Beiratsmit-

glied des Förderkreises Stadtmuseum e. V. und des Café Grenzen-
los e. V. Weiterhin fungiert er als Botschafter der Haifa Foundation
Düsseldorf und ist Schirmherr für gemeinnützige Veranstaltungen
in Düsseldorf sowie Kuratoriumsmitglied der Mutter Ey Galerie,
Düsseldorf. Im Winterbrauchtum engagiert er sich bei der Prinzen-
garde Blau-Weiss Düsseldorf, Leibgarde der Venetia, als General
des Corps à la Suite. September 2019 bekam er die Jakob-Faasen-
Plakette von der Kreissparkasse Düsseldorf und vom St. Sebastia-
nus-Schützenverein-Bilk 1445 e. V. in Würdigung seiner Verdienste
für den Erhalt und die Förderung des heimischen Brauchtums. Er
hat vier Kinder, ist begeisterter Tennisspieler und Marathonläufer.

© Bluthard

### Anne und Nikolaus **Schneider**

Nikolaus Schneider wurde 1947 geboren. Er stammt aus Duisburg und war
in Duisburg-Rheinhausen und Moers als
Gemeindepfarrer, Diakoniepfarrer und
Superintendent tätig. 2003 wurde er Präses
der Rheinischen Kirche. Während dieser
Zeit wurde er Mitglied des Rates der EKD
und später Vorsitzender des Rates. Neben der Freude an der Auseinandersetzung mit biblischen Texten prägten das Thema Soziale
Gerechtigkeit, die Herausforderungen der Ökumene sowie die des
christlich-jüdischen Dialoges die Zeit seines Dienstes. Nach der
Leukämie-Erkrankung und dem Sterben der jüngsten Tochter Meike
wurden der Umgang mit Sterben, Trauer und Tod zu einem wichtigen Lebensthema für Anne und Nikolaus Schneider. Anne Schneider wurde 1949 geboren, stammt aus Salzgitter und begann mit dem
Wintersemester 1967/68 ihr Theologiestudium an der Kirchlichen
Hochschule Wuppertal. Dort lernte sie Nikolaus Schneider kennen
und lieben. Anne und Nikolaus Schneider heirateten 1970 noch
während ihres Theologiestudiums. Anne Schneider hatte von der

Braunschweigischen in die Rheinische Landeskirche gewechselt und musste dann feststellen: Die Rheinische Kirche verlangte von Pfarrerinnen den Zölibat – übrigens bis 1975. Statt Pfarrerin wurde sie Realschullehrerin für Evangelische Religionslehre und Mathematik, eine Entscheidung, die sie aus vielerlei Gründen nicht bereut hat. Anne und Nikolaus Schneider haben 3 Töchter und 5 Enkelkinder und genießen zurzeit einen aktiven Ruhestand, nicht zuletzt mit privaten und öffentlichen Diskursen über biblische Texte und theologische Fragen. Beide vertreten eine kontextuelle Theologie: Sie fragen und suchen nicht nach widerspruchsfreien Glaubens- und Gottesvorstellungen, die Wahrheit und Gültigkeit unabhängig von konkreten Erfahrungen und Situationen beanspruchen. Vielmehr ringen sie auf dem Hintergrund eigener Lebens-, Glaubens- und Trauererfahrungen um eine vor Gott und Menschen verantwortbare Lebenshaltung und -gestaltung. Dabei geht es ihnen um ein je persönliches alltagstaugliches und widerständiges Gottvertrauen, das uns Menschen gerade auch in dunklen Zeiten und angesichts unserer Todesbegegnungen hoffnungsvoll leben und getrost sterben lässt.

### Alexander **Schrimpf**

© foerster fotografie & werbung, Mettmann

Alexander Schrimpf, geb. 15.01.1968 in Düsseldorf, verheiratet seit 1997 mit Ilka Schrimpf, zwei Kinder, Helena (23) und Konstantin (20). Nach dem Abitur am Friedrich-Rückert-Gymnasium in Düsseldorf folgte das Studium in Bonn und Düsseldorf. Nach dem Referendariat tätig als Lehrer für Deutsch und Geschichte an der Georg-Schulhoff-Realschule in Düsseldorf. 2009 erfolgte dort zunächst die Berufung als 2. Konrektor, später zum stellvertretenden Schulleiter. Seit 2020 ist Alexander Schrimpf Schulleiter der Werner-von-Siemens-Realschule Düsseldorf. Bezug zum Regenbogenland

Düsseldorf: Sohn Konstantin leidet an Duchenne Muskeldystrophie und ist regelmäßig Gast im Kinder- und Jugendhospiz. Ehefrau Ilka Schrimpf ist seit 2017 Mitglied im Vorstand des Fördervereins des Regenbogenlandes.

### Konstantin **Schrimpf**

Konstantin Schrimpf (20) leidet an Muskeldystrophie Duchenne. Seine Schwester Helena ist 23. Zu seiner Familie gehört auch noch die Hündin Lotta. Seit 2017 geht er regelmäßig ins Kinder- und Jugendhospiz Regenbogenland. Zurzeit lebt er zu Schulzeiten in einem Internat in Bad Honnef und besucht dort ein Berufskolleg für Wirtschaft und Verwaltung mit dem Ziel, den Abschluss der Fachhochschulreife zu erreichen. An den Wochenenden und in den Ferien lebt er bei seiner Familie in Mettmann. (Siehe gemeinsames Foto mit Egzon Osmani)

### Marlon **T.**

Marlon T. ist 21 Jahre alt. Seit 2015/2016 ist er auf Grund einer Neurodegenerativen Erkrankung ans Kinder- und Jugendhospiz Regenbogenland angegliedert. Das Hospiz ist für ihn eine tolle Abwechslung zum normalen Alltag, da es dort viele Angebote gibt und er seine Freunde dort regelmäßig treffen kann. (Siehe gemeinsames Foto mit Egzon Osmani)

### Hendrik **Wüst**

Hendrik Wüst wurde am 19. Juli 1975 in Rhede geboren. Er ist verheiratet und hat eine Tochter. Wüst studierte Rechtswissenschaften an der Westfälischen Wilhelms-Universität Münster. Nach seinem zweiten juristischen Staatsexamen im Jahr 2003 wurde er als Rechtsanwalt zugelassen. Seit 2005 ist er direkt gewählter Abgeordneter des Landtages Nordrhein-Westfalen. Von 2017 bis

© Land Nordrhein-Westfalen – Ralf Sondermann

2021 bekleidete er das Amt des Verkehrsministers des Landes Nordrhein-Westfalen. Am 23. Oktober 2021 wurde Hendrik Wüst zum Vorsitzenden der CDU Nordrhein-Westfalen gewählt. Seit dem 27. Oktober 2021 ist Wüst Ministerpräsident des Landes Nordrhein-Westfalen.